U0934802

梅　华著

曹雪芹祖籍在进贤考

作家出版社

此肖像画出现在很多场合，颇具代表性，说明这幅作品基本上符合当代人们心目中的曹雪芹形象。不知作者为谁，感谢他为人民塑造了一个典型的曹雪芹形象。

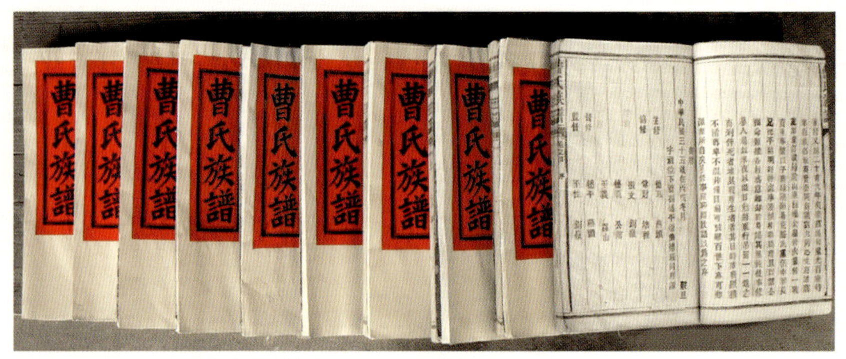

新发现的江西省进贤县《曹氏族谱》，民国三十五年木活字版。封面为2009年装订。

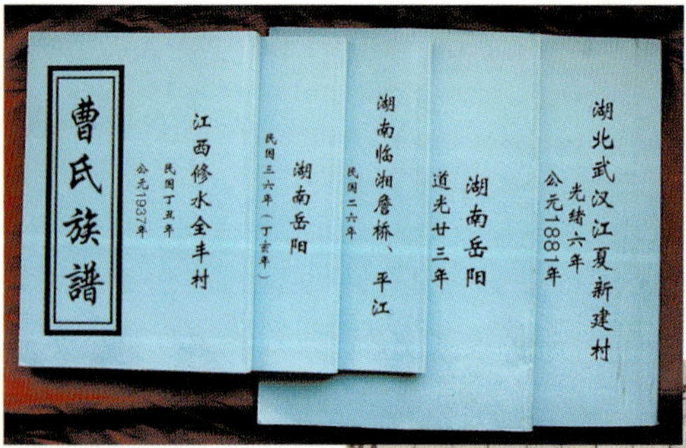

湖北、湖南、江西等地2010年版新修《曹氏族谱》。

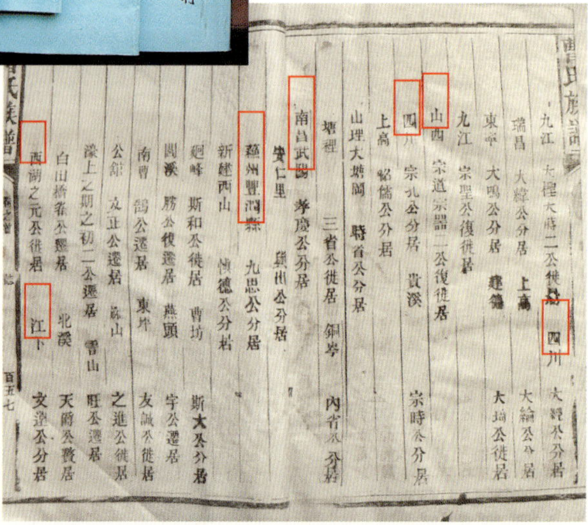

江西省进贤《曹氏族谱》记载曹端礼后裔迁徙他乡的部分资料。

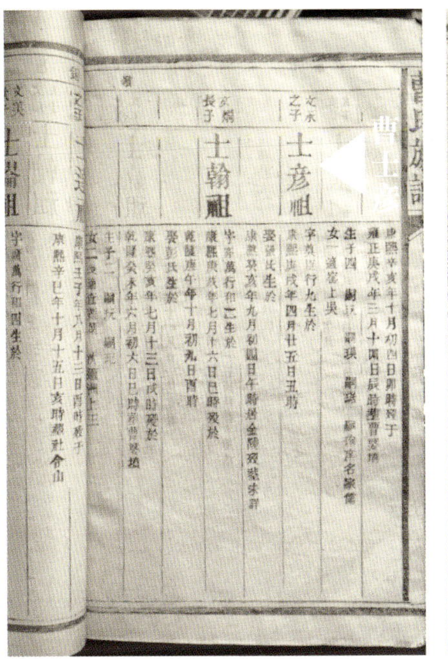

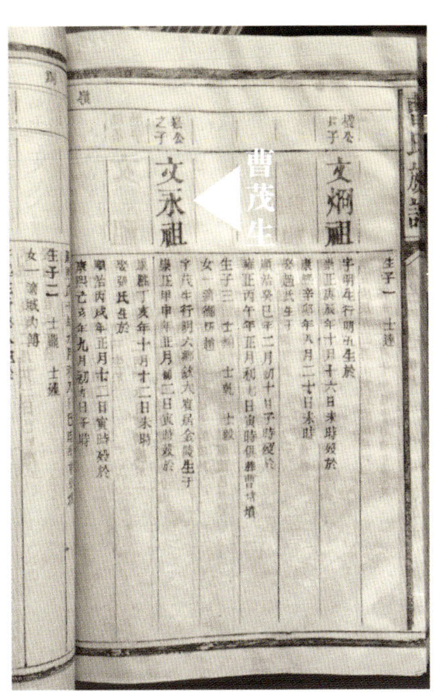

进贤《曹氏族谱》世系：曹端礼高祖曹宵为第一世，开基祖曹端礼为第四世。

进贤《曹氏族谱》未装订前的原貌。

进贤县三里乡曹门万家村“节孝坊”匾额，“节孝坊”三字由尹继善、塞楞额、金德瑛三人联名署官职款，时间为乾隆十四年。

进贤县三里乡曹门万家村“节孝坊”，建于乾隆十四年。

进贤县罗溪镇山东曹村曹氏宗祠，始建于清光绪年间。

据进贤《曹氏族谱》记载，此曹氏宗祠始建于清康熙年间，地址在进贤县城后街。

2010年1月26日，己丑年冬，赣、鄂、湘三省曹端礼后裔合修族谱完成。曹氏家族在曹端礼开基地江西进贤山东曹村聚会，隆重举行《曹氏族谱》颁谱典礼。

这是二十一世纪曹雪芹家族文化一大盛事。

南昌市委书记余新荣、原进贤县委书记曹吉清陪同全国政协常委、经济委员会副主任、著名红学家胡德平先生在进贤曹雪芹祖籍地调研。

北京曹雪芹纪念馆馆长李明新（女）在进贤参观。

在“曹雪芹家族文化研讨会”新闻发布会上，本书作者向与会者介绍进贤《曹氏族谱》。

2010年4月22日，“曹雪芹家族文化研讨会”新闻发布会在北京隆重举行。南昌市副市长罗慧芬、进贤县委副书记梅树华到会并致词。著名红学家胡文彬、张书才等在会上发言，胡德平作学术报告。

梅树华副书记致词

章文杰/摄

据《曹氏族谱》记载：当年曹端礼“卜居钟陵之西塔岗”。此地即名塔岗，本为一丘陵小山包，远望山下村庄，便是唐代豫章洪都（今江西南昌）学政曹端礼创建之钟陵（即今进贤县）山东曹村。山下有唐时官道，是曹端礼北渡长江途经之地。

江西省进贤县罗溪镇山东曹村唐代曹端礼之开基地，曹氏“八斗世家”祖屋残存门墙，为清晚期建筑。

谨以此书

献给孕育了中国最伟大作家曹雪芹的

曹氏家族及华夏文明

目录

序 邓遂夫/05

绪论/11

第一节 关于曹雪芹祖籍概念的界定/15

第二节 曹国与山东菏泽曹姓/22

第三节 曹端礼与进贤山东曹村/24

第四节 进贤《曹氏族谱》世系考/27

第五节 丰润、辽阳、铁岭、武阳概说/42

第六节 曹雪芹祖籍在进贤/74

第七节 曹雪芹生卒年考述/107

结束语/113

附录一：曹雪芹家世简表/117

附录二：茂翁曹先生六十荣寿序/118

附录三：芳卿不是曹雪芹续妻/121

附录四：脂砚斋是曹雪芹姑姑/123

附录五：江宁老农说自己祖先是曹雪芹/127

附录六：2010首届“曹雪芹家族文化研讨会”新闻发布会综述/129

老问题 新观点——代后记/135

序

邓遂夫

开宗明义，我想告诉读者一句“务虚”的话：这虽是一本薄薄的“涉红”之书，但材料与视角都非常独特，很值得“红迷”和红学家们一读。同时，我也给读者再说一句：这本书的论说范围相对比较狭窄，仅涉及《红楼梦》作者曹雪芹神秘家世的祖上，读起来当然不及听刘心武讲“红楼”那么愉悦、刺激。而且从学术的层面上讲，由于促使这本书尽早问世的某种需求过于急迫，它显然还不够成熟、健全。但我敢断言，其呱呱坠地的青涩啼音，很有可能会在相关领域内，迅速汇聚成足以改变某种历史的一个能量的起点。

我知道，我这样没轻没重地直抒己见，会让学术界好些方面的专家都有点不自在，其中包括我非常敬重的师长。因为这本书的核心论述，会在很大程度上冲击专家们苦心经营多年的一些学术壁垒。但我实在难以改变自己爱说真话、不想掩饰自己在学术上的真实感受的坏脾气。不过我真诚地希望这些学界同仁包括我尊敬的师长，能把心弦调得轻松一些，把心态放得平和一些，最好是虚怀大度地细读一下这本小书，认真仔细地研究一下它所提供并指引我们去关注的一些新材料、新信息，然后再来去粗取精，去伪存真，客观公正地作出自己的评价。

而我自己，在这方面其实并无深入的研究。当初进入红学领域，虽然对有关曹雪芹生平家世的研究和各种相关史料的发现都有所关注；但相对而言，我对涉及曹家远祖包括祖籍问题的研究却涉猎甚少。这里面既有我后来将研究重点转移到《红楼梦》版本与校勘等方面的客观原因，也有自己对研究曹雪芹祖籍等问题缺乏充分认识的主观原因。

所以从严格的意义上讲，我是没有资格来为这样的著作写序的，更不用说对此评头品足了。然而天下事往往会有一些出人意料的因缘巧合在起作用。这些年来我一直在闭门谢客地埋头校订《红楼梦脂评校本丛书》（三种），和过去大多数红坛旧友都少通音问。殊不知在一个偶然的机会获知并拨通了某旧友的电话，竟由此而被邀请参加了今年4月22日在北京香山举行的“曹雪芹家族文化研讨会”新闻发布会，从而会晤了神交多年却不曾谋面的前曹雪芹学会会长胡德平先生，以及好长时间没有见面的中国红学会副会长胡文彬先生，同时也见到了其他一些旧雨新知——其中便有本书作者梅华先生。

所谓“因缘巧合”还不止此。恰好梅先生的这部书需要在短短不足一月的时间里编辑出版问世，以赶上6月初在江西召开的“曹雪芹家族文化研讨会”正式开幕；出版社在匆促之间只能“就近”邀请我来充当此书的“特约编辑”；而我在诚邀一二行家为此书作序时，又恰逢对方一时抽不开身，这就让我把作序的重担也一肩挑了。

在我看来，梅先生这本书好就好在材料新、视角新，为近几十年来陆续发现、多有论证的曹雪芹家世谱牒材料，增添了新的内容、新的见解；而书中的许多论述，在系统地疏理这些新旧材料之中，又洋溢着新的思路、新的发现。这对进一步研究曹雪芹家世和祖籍问题，很可能会产生重要影响。但我同时又感觉到，这本书也存在一些很让人担心的缺点，一些不大站得住脚、却容易让人跑偏、尤其容易产生“喧宾夺主”的报道，从而造成“瑕可掩玉”的缺点。

所以我在协助编辑这本书时，采取了特事特办的方式，干脆把作者请到我家里来——继而又迁就作者的工作习惯，搬到附近一家小宾馆，由我没日没夜地陪着他——边讨论边修改边作处理。然后直接排好版出了清样，送到责任编辑手中，力争尽快印出新书。

现在来简单概括一下这本书的几大看点：

一、作者首先对“祖籍”与“故乡”（或曰“故里”）的概念作了更明确的划分，一下子就抓住了此前的相关学术纷争中缠夹不清而问题成堆的一个重要症结。

二、论证了进贤《曹氏族谱》和其他《曹氏族谱》等史料中所称之“钟陵曹氏”或“进贤曹氏”都是同一概念，即指唐贞观年间从山东定陶曹氏发祥地（曹国）首迁江西“钟陵（即今进贤）之西塔冈”所建立起来的进贤山东曹村，以及由此而形成的内地各曹氏支脉的共同祖籍；此“进贤曹氏”的始祖，即时任“洪都（即今南昌）学政”的曹端礼。

三、以进贤《曹谱》与各地分支《曹谱》相印证，澄清了距进贤曹村不远的“武阳曹氏”（尚存《武阳曹谱》），原是“进贤曹氏”第十八世曹孝庆复迁武阳渡（即今南昌县武阳镇）的一个分支；并确切地疏理出“铁岭曹氏”的始祖是“进贤曹氏”第二十七世曹旺之子曹俊，而“辽阳曹氏”的始祖则是“武阳曹氏”后裔曹端可（在进贤《曹谱》中排第二十一世），从而澄清了多少年来学术上的一笔糊涂账。

四、在此基础上，作者进而疏理出“丰润曹氏”乃“辽阳曹氏”始祖曹端可的后裔；而“金陵曹氏”的曹玺、曹寅一系，则是“铁岭曹氏”始祖曹俊的后裔；尤其是论证了曹端可（1276－1343）与曹俊（1484－1552）的出生年代相距二百余年，并非丰润、辽阳《曹谱》所误记的父子关系。

五、本书在进贤《曹谱》中还勾稽出：“进贤曹氏”后裔中的曹茂生（与曹寅同辈并年龄相近），在《曹谱》的相关记载中有“已卯（康熙三十八年），圣驾南巡，翁（即曹茂生）独倡先，侷逝以沾德化。近（按指撰此文时落款的康熙四十一年壬午之前）更于城北建立龙亭宣扬”等语，推断曹茂生与曹寅的关系非同一般，甚至可能通过曹寅对进贤曹村的认祖归宗，而让曹茂生正式融入了“金陵曹家”；再结合在进贤城至曹村的必经之地尚有“御驾垄”地名，以及在“文革”中被毁坏的曹村文物中曾经有康熙御赐“江南旺族”匾额等线索，推测康熙皇帝在已卯年第三次南巡（属微服私访），很有可能随曹寅、曹茂生（即所谓“倡先”者）私访过这一曹家祖籍地——进贤县山东曹村。

限于篇幅，这篇序文不可能对书中的所有看点都逐一罗列。但就凭以上几大条，难道不足以让当今那些研究曹雪芹家世谱谍的专家，和全国各地正在筹建（或已经建立）纪念馆的相关人士，受到一点震动并作更深入的思考吗?

不过，我也要在这里郑重地表明一下我对此书某些重大缺点的看法。比如书中推断《红楼梦》作者曹雪芹并非江宁织造郎中曹寅的嫡孙或嗣孙，这可以理解；而竟然空穴来风地猜测曹雪芹可能是曹寅在进贤的“同宗兄弟”曹茂生的嫡孙，以及认为曹雪芹的生父可能是曹茂生之子曹士彦（以为曹士彦便是1984年第四期《红楼梦学刊》所载新发现的一件曹家满文档案的汉译文本所称“郎中曹寅之子曹彦”）等观点，都是我绝难同意的。实际上，该新发现的档案中与另一个所谓“曹寅之子曹顺”并提的是“曹颜”（这在已有的曹家档案中曾多次提到，都属于曹寅早逝的亲弟弟曹宣之子，因自幼被曹寅带往江宁制造府抚养长大，视同己出，故时常被直呼为“曹寅之子”；后来被钦命过继给曹寅为嗣并继承江宁制造员外郎职衔的曹頫，亦是曹顺、曹颜之亲弟），哪来“曹彦”其人？退一步说，即便在满译汉的档案文本中真有“曹寅之子曹彦”，又从何而判断这个“曹彦”就是“曹士彦”呢？所以本书的这类推断，作为一种尝试性的假设提出来是可以的，而像现在这样大做文章，就有些过了，甚至可能起到掩盖或者削弱此书的核心命题的不良作用。

此外，本书推考“金陵曹氏”的曹玺、曹寅一系，应该是“铁岭曹氏”的始祖曹俊之后裔，而曹俊又是明嘉靖（1522-1566）年间人，这在时间上恐怕与曹寅从祖上即入辽为官且身世显赫、后来又“从龙入关”等情形有异；反倒是从元代即入辽并封万户侯的曹端可，更像是曹寅一系的始祖。这些，都需要作更进一步的研究考证，方能得出较为可靠的结论。

2010年5月23日草于北京宏福苑

绪 论

关于《红楼梦》作者曹雪芹家世和祖籍问题的争论，在中国文化史上是一个非常特殊的个案。在雍正五年抄家时，金陵曹家①遭受了残酷的打击，应了“树倒猢狲散”的预言。特别是这个家族的成员中，有些是非旗籍（指同宗兄弟）而在市场被变卖，致使有家难回，可能十有八九客死他乡。如进贤曹茂生兄弟四人，经历这场变故之后，仅四弟曹文远老俩口殁葬故土，除曹茂生本人已于曹寅之前去世，其兄弟此后都不知所踪。

雍正朝，皇族之间的斗争残酷无情。金陵曹家的败落，对这个家族的打击是巨大的。曹雪芹后来在北京西山人烟稀少的乡村生活中，尽管写出了他的不朽之作《红楼梦》，但作者和批者的身份都很少为人知晓，到了现在甚至连作者的真实身份和年龄都难以被人确定。加上近几百年来各种史籍的损毁与湮没，都为我们考察研究曹雪芹的生平家世及整个曹家的祖籍等问题，带来诸多困难。好在自从《红楼梦》问世

①金陵曹家，指以曹寅为核心生活在金陵（今南京）的曹氏家族。家族成员包括曹寅的堂兄弟和进贤同宗兄弟曹茂生，以及安徽凤阳曹家同宗兄弟等。

以来，其影响越来越大，学者们随之而展开的对本书作者及其家世、祖籍等问题的研究，也取得了很大的进展。在研究过程中，所产生的各种观点和说法不胜枚举，从而形成一门专门的学问——曹学。

胡适在《红楼梦新证》一书中，首次论证和诠释了《红楼梦》作者、家世、版本等一系列问题，既是对“曹学”的一个奠基，同时也开启了研究考证曹雪芹祖籍的学术之门。

曹学就是研究曹雪芹生平、家史及家族文化的一门综合性学问。自从1931年李玄伯提出“曹雪芹祖籍在丰润”之说以来，红学研究就在一定程度上转向了曹学。数十年来，学术界就曹雪芹祖籍等问题展开了激烈的争论，先后有“辽阳说”、“铁岭说”、“武阳说”等，引起了全国人民极大的兴趣和当地政府的积极参与。仅从争论的热闹气氛来看，人们关注“曹学”的热情胜于关注“红学”。

目前，我们所看到的关于曹雪芹祖籍及家史考证与研究的成果，严格地说都是对曹氏先人的稽考，或者说是对曹寅祖辈的考释，涉及到曹雪芹父亲是谁的史料时，其证据都是不能令人信服的猜测和臆想。有关曹雪芹生卒年问题的讨论也基本上处在迷雾之中，各种说法都有求新不求实的现象。读者不禁要问，为何学者们稽查曹氏祖辈的历史资料都是清楚无疑的，而考证曹雪芹之父的结论却难于自圆其说，这是当今曹学作为一门学科提出后在建设史上的“虚心”之处。

回首近百年的“曹学”历程，曹雪芹身世给世人留有足

胡适　（1891年12月--1962年2月），汉族，安徽绩溪上庄村人。现代著名学者、诗人、历史家、文学家、哲学家。因提倡文学革命而成为新义化运动的领袖之一。历任北京大学教授、北京大学校长、台湾中央研究院院长等。

胡适著《红楼梦新证》一书于1921年问世，该书首次诠释了《红楼梦》作者、家世、版本等一系的学术问题，开启了考证曹雪芹祖籍的学术之门，同时催生了中国“曹学”的兴起，有开山之功，为“曹学”始祖当之无愧。

够的稽考、研究、推测及猜想的时间与空间，因而产生了多处曹雪芹祖籍地和几个《红楼梦》作者等一些离奇现象，使得本来就不十分清楚的事变得更加扑朔迷离。

自从2006年初江西省进贤县罗溪乡山东曹村《钟陵曹氏族谱》发现之后，有关“曹学”的诸多问题再次引发学术界的关注，进贤曹氏北上的历史，曹寅家族及有关曹雪芹祖籍的诸多疑问，似乎都有了得到合理解决的新希望。

族谱是民间史书，与官方志书具有同等的权威性。它记录的资料虽不免有孤证之嫌，但在很多时候又可以成为铁证（造假资料除外）。考查一个历史人物的祖籍，我们必须要以现存的谱牒或其他原始形态的文献资料为依据，再用其它材料去佐证。而现在从新发现的江西进贤《曹氏族谱》，便足以查考出丰润曹端广、辽阳曹俊、金陵曹寅皆为进贤山东曹村在唐代的开基祖曹端礼之后裔；还可以从中约略考证出进贤曹茂生与曹寅本是同宗兄弟，曹茂生似有应邀到金陵协助曹寅治理“江宁制造署”，并参与了康熙南巡时四次接驾等诸多线索，为金陵曹家及进贤曹氏曾经的辉煌和后来的衰落寻觅出新的因果。我们将清代相关的史料与进贤《曹氏族谱》互证，甚至还可以推测曹雪芹为曹茂生之孙，享年51岁，祖籍在今江西进贤县罗溪镇山东曹村。

第一节　关于曹雪芹祖籍概念的界定

曹雪芹祖籍问题在曹寅死后就留下一个迷，特别是雍正抄没金陵（南京）曹家后，曹頫入狱，曹门一家320多号人被赶出曹府，从此“树倒猢狲散”，至于曹雪芹的身世也就不为人知了。从目前保留下来的有限史料上看，甚至连曹雪芹很要好的一些朋友，如北京的敦敏、敦诚① 兄弟和张宜泉等人，虽与曹雪芹友好交往多年，似乎都不了解金陵曹家的往事。上世纪初，国学大师胡适虽然进行了一番考证，但没有成为定论。至上世纪60年代末，红学在“文革”时期成为“显学”。此后，红学界有关曹雪芹的祖籍认定意见烽烟迭起，有辽阳说、丰润说、铁岭说，以辽阳说、丰润说影响最大。至世纪末，武阳说成为新的焦点，使曹雪芹的祖籍问题再起波澜。各说都有自己立论的依据和主张，好像是找到了曹雪片本人的身份证似的，其实有关曹雪芹三代家史的基本史料都没有理清楚，有急于求成之嫌。各地政府在认定曹雪芹祖籍地方面的宣传力度之大和宣传面之广，都达到了让全

①敦诚《寄怀曹雪芹霑》诗注：“雪芹曾随其先祖寅织造之任”与其诗句“四十萧然太叟生”是矛盾的。曹雪芹按雍正元年或二年出生，曹寅已过世。

国人民耳熟能详的程度。

从中国传统文化角度来考察，祖籍和故乡在情感上是基本相同的概念；但从家族姓氏史上去寻根认祖，祖籍和故乡则是有区别的。在学术上，我们不能因为一碑一石而草率地将曹雪芹的祖辈工作和生活的地方认定为祖籍，也不能将历史上的某段史例用来界定曹雪芹的祖籍。为了便于讨论和考证曹雪芹的祖籍问题，极尽可能地避免歧义，我们必须在概念上进行重新界定。

1.祖籍的概念

祖，汉许慎《说文解字》注："祖，始庙也。"即祖庙、先祖、开基祖①之意。在上古时期，人们是以自己祭祀的庙堂来界定祖居地的。籍，《说文解字》注："籍，簿书也。"簿书，是关于贡赋、人事及户口等的档案。从字面意义上，祖籍二字可以理解为：记录祖先的簿书。至于"祖籍"二字组词始于何时，笔者未加考证。为便于表述，且将"簿书"一词引伸为谱牒②，即姓氏族谱。祖籍的概念，大体包含两方面内容：

一、开基祖（以国为姓或赐姓）之庙堂所在地；

二、族谱记录的始祖居住地。

---

①先祖：关于先祖一词，据《盐铁论·结和》云："故先祖基之，子孙成之。"可译为祖先给他们（指后代）打下的基础，由子子孙孙去完成。

②谱牒：记载一族一姓世系和人物的书册。

此祖籍概念是以姓氏起源为基础而概括的，和任何族谱都不矛盾。查始祖后裔居住地，任何族谱记载用词都一致，即：第几世“迁居”或“分居”何地。今天，我们考查一个历史人物的祖籍，是以现存族谱记录为准的，族谱为原始材料，其它史料为佐证材料。

在现代汉语里，与祖籍相近的词语是“籍贯”。《现代汉语词典》解释为“祖居或个人出生的地方”。照此解释，“籍贯”一词概念外延较广、较宽泛，“祖籍”和“个人出生地”则是两个概念。一般情况下，“籍贯”这个定义缺乏稳定性和限制力，而“祖籍”一词的内涵则界定清晰明确，外延设限。在今天地球村时代，一个自然人可能在任何一个国家、任何一个地方出生，但其出生地或者短暂生活的地方不能称为“祖籍”。在情感上可以称出生地或长期工作、生活的地方为故乡，这可以说是一个人的籍贯，但不是他的祖籍。因此，在讨论曹雪芹祖籍问题时，我们要排斥“籍贯”概念，仅使用“祖籍”一词。

2、曹雪芹祖籍的上限

自曹国① 肇封以来，至今有三千余年，曹氏子孙迁徙全国各地，如何界定祖籍的上限，是我们讨论曹雪芹祖籍的原

---

① 曹国故地，在今山东省荷泽市。据《史记》及相关资料考证，曹国始封于周武王克商之年(公元前1046年)，灭于周敬王三十三年(公元前487年)，传19世，25君，国祚560年。

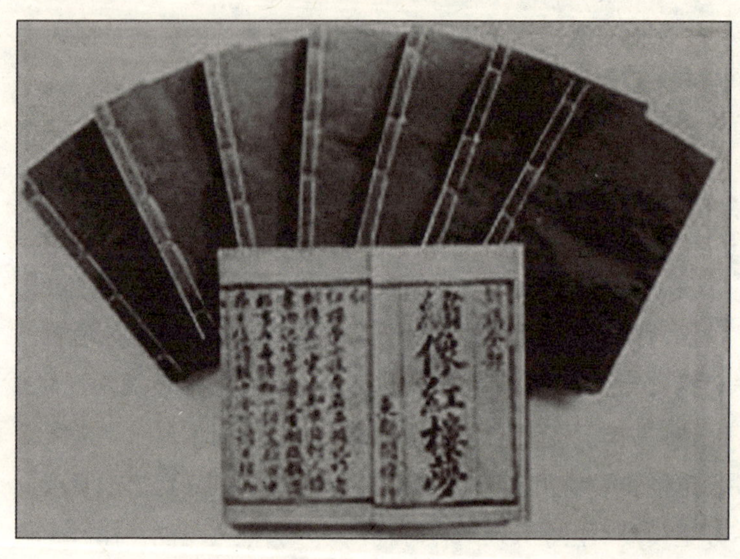

清代《绣像红楼梦》

则性问题。如果祖籍的上限定在先秦、两汉，毫无疑问曹氏的后裔、包括曹雪芹的祖籍都在今天的山东省菏泽市——古曹国。天下曹姓始于曹国是肯定的，但是，从建立族谱的时限来看，我们可追溯的姓氏谱牒历史始于唐宋之际，唐宋之前家族的任何记录都只能依赖其它史料来佐证。我们今天讨论曹雪芹的祖籍问题，必须以现存谱牒记载的世系为依据，脱离谱牒谈曹雪芹祖籍，任何说法都是难以令人信服的，也不符合“祖籍”概念的内涵，容易产生歧义及争论。

近百年来，红学界对曹雪芹祖籍地的争议没有间断过，辽阳说、丰润说、铁岭说、武阳说各自表述，让世人不辨其是。造成这种现象的根本原因，即在于对曹雪芹祖籍的概念及上限设定，各取所需，上限三代、五代、九代，往往随意而定的。如“九族”之说，即提出九代以内是祖，九代以上就不是祖。这种上限设定也是有问题的。九代之前为何就不是祖？为什么族谱还要记载始祖是谁？中华民族为何还要认炎黄为始祖？而实际上，认祖是中华民族的美德，也是中国人爱国爱家的一个常识问题，本不需要进行讨论，但在考证曹雪芹祖籍这个问题时，学术界就跑偏了，忘记这些基本常识了。其实不是“忘记”了，是各地争文化名人的意图在起作用。所以，现在要让祖籍问题的研究讨论走上合理的、科学的轨道，首先要设定一个相对稳定可靠的“祖籍”上限概念，是非常必要的。这个概念的设定，既要承认总体上的溯源认祖，又得具有以确切的谱牒界定来作为依据。

本书即是以谱牒及文献记载为依据，来确定曹雪芹祖籍的上限设定标准，即以唐代曹端礼迁居豫章钟陵（今进贤）山东

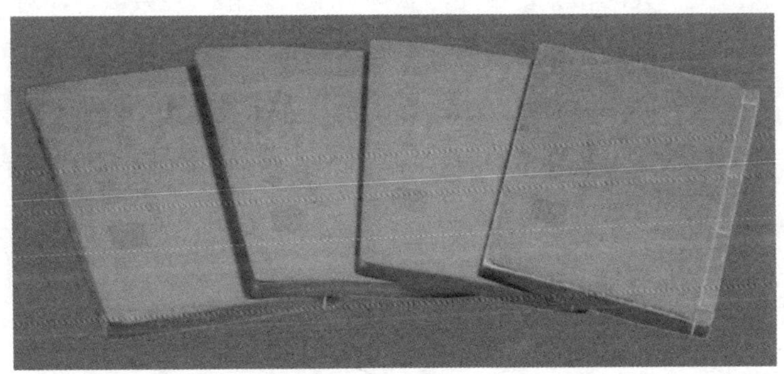

上图为《脂砚斋评石头记》甲戌本原件，现藏上海博物馆，封面为胡适题字手迹，是红学研究中极其珍贵的版本。

曹村之后所持续纂修的《豫章曹氏族谱》世系为主要依据，结合金陵曹家的特殊历史背景来稽考曹雪芹祖籍。该族谱上承山东省定陶、上汶曹氏第五十八代祖先，下载千余年进贤曹氏子孙菏泽所属迁徙他乡繁衍生息的路线，是厘清曹雪芹祖辈迁徙路线图唯一的、不可替代的、可排除一切争议的重要历史档案。同时以分居全国各地的曹端礼后裔认祖今江西省进贤县罗溪镇山东曹村的情感为依托（因为进贤县山东曹村族谱中较详细地记录了曹雪芹直系亲属的“档案”，后文介绍），细致查考曹氏祖先迁徙关系，理清思路，破解迷雾，追溯本源。

但是，我们承认：曹雪芹祖辈生活的地方，不论是三代或五代或九代都是曹氏子孙的祖居地；凡是曹雪芹祖辈生活或工作过的地方都可以笼统地称为曹雪芹的故乡或曰故里；在他的祖居地或故乡设立纪念馆或红学研究会，都是为了纪念这位伟大的作家曹雪芹，弘扬其不朽之作《红楼梦》，对繁荣和发展民族文化事业是有积极意义的。这和我们研究厘清曹雪芹的祖籍问题并不矛盾。而且，弄清后者，必将对前者的合理认定与健康发展，起到不可估量的积极推动作用。

曹振铎及曹国陵碑

第二节 曹国与山东菏泽曹姓

今山东省菏泽市是天下曹姓发祥地。古曹国的情况，虽然离我们要讨论的曹雪芹祖籍问题非常遥远，但也有必要在此作一简要介绍，有利于厘清曹氏迁徙源流。

曹氏起源的可考史料如下：

《广韵》记载："颛顼玄孙陆终之子安，是为曹姓。"这是关于曹姓最早的溯源史料。颛顼乃五帝之一，也属于中华民族伟大的祖先。

据《古史辨》一书的考证："三皇五帝"①最初见于《吕氏春秋》。所谓"五帝"，在中华传统中，属于三皇五帝的古史系统，以黄帝、大皞、炎帝、少皞、颛顼为五帝，《周礼》多次叙及祀五帝之礼。史家认为，传说中的颛顼是一位能继修黄帝之功的古帝，他推进了（古中国）文明因素的成长，主要表现在进行了宗教（卜巫）改革②。瑞项是五帝时代承上启下的重要代表人物，其所处时代大抵在公元前2600年开始的这一时代晚期，与龙山时代之初相对应，是我国原

①三皇五帝：三皇所指：伏羲、女娲（或燧人）、神农三人为代代三皇。五帝：流传较广的五帝组合是:黄帝、颛项、帝当、帝尧、帝舜。

②许海山主编：《古中国简史》，中国言实出版社，2006年7月第一版。

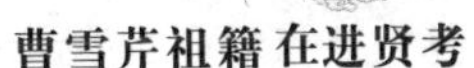

始社会解体和国家产生的转型时代。

唐《元和姓纂》记载："颛顼玄孙陆终第五子安为曹姓，至曹挟，周武王封之于邾，为楚所灭，遂复曹氏。周文王六子振铎，封曹，亦为曹氏。因宋①所灭，子孙以国为氏。"

周文王六子振铎，与周武王姬发是同母兄弟。周武王在历史上称为西周（公元前1027--1025年），振铎为武王之弟，武王即位数年即死，成王姬诵继位时尚年幼，振铎为成王叔辈，故称"叔振铎"。在武王克殷纣时，振铎屡建战功，于公元前1046年受封于曹（即诸侯国），为伯爵②，都定陶③，以国为姓，曹振铎为开国之君。传19世25君，国祚560年。曹国疆土即现在定陶、荷泽、郓城、鄄城、曹县、成武、东明、巨野。曹州府治即今荷泽市。

今山东省荷泽市，为天下曹姓发祥地，至今仍有许多古曹国文明史迹可寻。但在讨论曹雪芹祖籍问题时，我们必须明确界定：荷泽（包括定陶、汶上）是曹姓发祥地，也是唐贞观年间迁徙江西的始祖曹端礼的祖籍。当然也可以说，荷泽是曹雪芹祖籍的祖籍。因为先有曹国之曹姓，才有进贤山东曹村，然后才有我们今天讨论的曹雪芹祖籍问题。只有理清了这一宏观历史背景，才便于继续讨论下面的问题。

---

① 东周宋，约公元前516年亡。

②"伯"是爵位。在商周时代的诸侯国分封制中，诸侯的爵位依次为公、侯、伯、子、男五等。

③今山东省荷泽市定陶县。

第三节　曹端礼与进贤山东曹村

现以江西省进贤县罗溪镇山东曹村民国三十五年版《曹氏族谱》与山东省定陶县《曹氏族谱》世系相对接，便可确知曹端礼原在山东为曹振铎第五十八代孙，自唐贞观年间迁徙至钟陵（进贤）之西塔岗①后，为今进贤曹氏开基之祖。

曹端礼为什么要迁居今江西进贤塔岗，并在此建立一个山东曹村呢？这在进贤《曹氏族谱》中有明确记载。此谱所收《豫章曹氏族谱序》（南宋嘉定十四年龙图阁学士曹应龙撰）中写道：

唐贞观庚子年（640）诏天下名儒讲学于国子监。其旨，有能明经博古者，皆得补官。唯先祖（曹端礼）遂以明经授洪都学政，居任九载，远而倦归。

洪都即今江西南昌。曹端礼被朝廷授以该地区的“学政”之职，居任九年后，因离乡日久而“倦归”。归那里？当然是

---

①钟陵之西塔岗：今进贤县唐时为钟陵县，北宋崇宁二年改为进贤县。塔岗为一小山名，在古钟陵县城西，今进贤县城西北部。

归山东菏泽的故乡。可是，又据谱序记载：曹端礼一行途经钟陵绎道之塔岗，欲北行至长江渡口时，因抬轿杠滑落，当地称“塌杠”，与“塔岗”音同，曹端礼以为是吉祥之兆，观此地山清水秀，良田千顷，一派江南鱼米之乡景色，“遂同山人杨启忠①仆（居）于钟陵（今进贤）之西塔岗，而家延焉。”曹端礼未北返故里，为不忘祖庙，将此居住地名之曰“山东曹村”。此村名有纪念山东故土和传示后代之意。（据现曹氏谱局成员介绍，湖北、湖南曹姓亦有以进贤命名的村庄，这都是铭记祖居地的情结所致。）

曹端礼为山东（今山东省）曹州（今菏泽）隆兴里人。在豫章学政秩满，安家塔岗风水宝地，为江西曹姓之始，世代繁衍，瓜瓞繁茂。仅进贤县城青岚湖水域就分居18个曹氏自然村，沿水域还有新建县西山，南昌县武阳渡（原属进贤县），余干县瑞洪、九江及迁徙他省者无数，尚待稽查。

根据进贤《曹氏族谱》记载，在进贤县城有清康熙年间曹氏祠堂，现已修复一新，热情接待远游的曹氏子孙。

唐时曹端礼创基的山东曹村，虽历经千年风霜，唐宋遗韵犹在。村中千年古樟树、古井、古祠及古墓等遗迹尚存，诗书六艺之齐鲁民风随处散见于村屋里巷。

---

①山人杨启忠：疑为曹端礼之妻杨氏。今进贤县山东曹村邻村有杨姓。

进贤曹氏唐代开基祖曹端礼像。

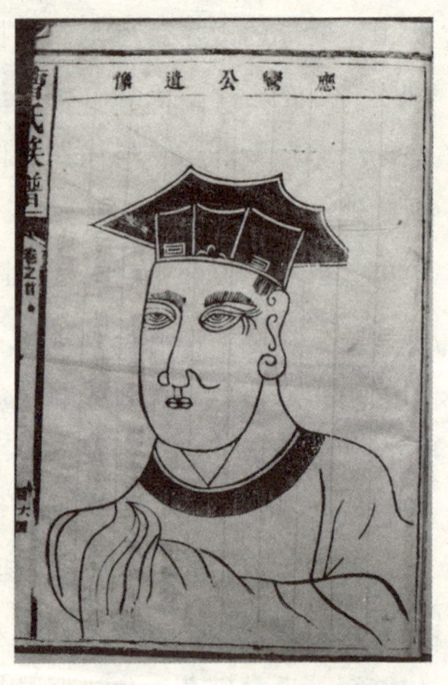

曹端礼十六世孙宋代曹应鸾像。曹雪芹为曹应鸾分支，系曹端礼三十六世孙。

进贤山东曹村古樟树

进贤山东曹村古屋——庭绍箕裘。

第四节 进贤《曹氏族谱》世系考

1、进贤山东曹村《曹氏族谱》的史料价值

魏黄初二年（公元220年），钟陵置县①。北宋崇宁二年（公元1103年），钟陵县更名为进贤县，遂沿用至今。但是，钟陵文化影响深远，称进贤为钟陵一直延续到清末民初，一些文人墨客的诗文、书画题款仍常使用此旧称。另一种情况是，在古钟陵城址上历代仍延续着钟陵乡的建置。因此，在进贤《曹氏族谱》中仍保留许多“钟陵曹氏”字样，钟陵与进贤互用。然谱牒中还有“豫章曹氏”字样，此“豫章”则为豫章郡，其在汉唐时期的行政区划相当于今江西省。初唐

进贤山东曹村古井

①梅华：《钟陵建置考》，《中国文物报》，2008年4月19日。

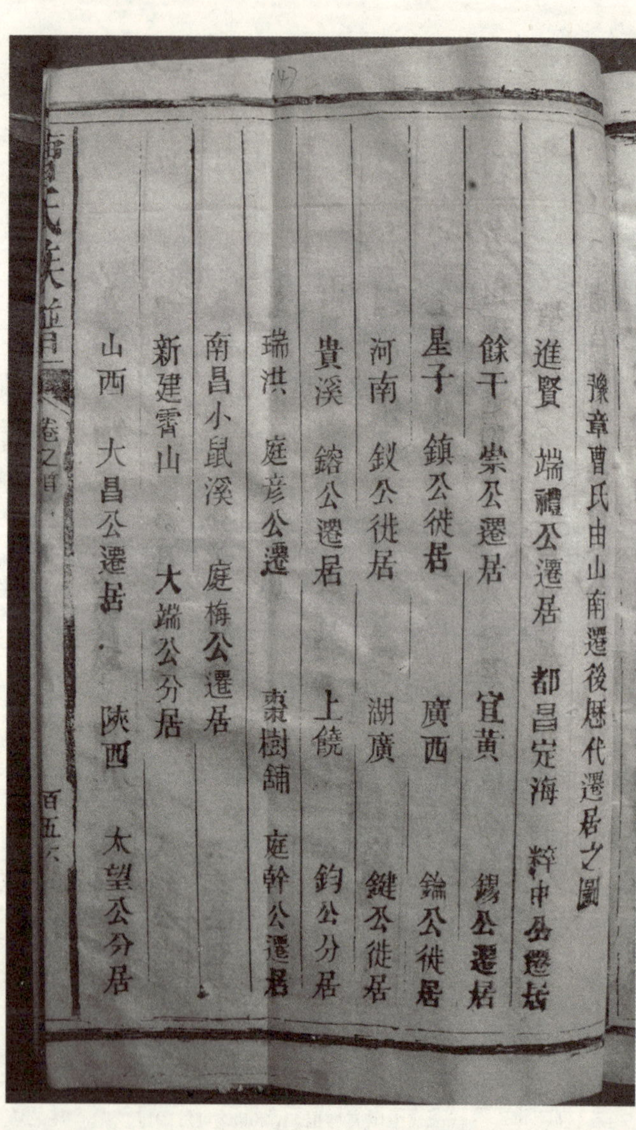

豫章曹氏由山南遷後歷代遷居之圖

進賢 端禮公遷居 都昌定海 粹中公遷居

餘干 崇公遷居 宜黃 錫公遷居

星子 鎮公徙居 廣西 鑰公徙居

河南 釵公徙居 湖廣 鍵公徙居

貴溪 鎔公遷居 上饒 鈞公分居

瑞洪 庭彥公遷 棗樹鋪 庭幹公遷居

南昌小鼠溪 庭梅公遷居

新建霄山 大端公分居

山西 大昌公遷居 陝西 太望公分居

卷之首 百五六

曹氏家族迁徙记录一。

以后改“豫章”为“洪州”，郡治、州治均为南昌（今南昌市）。我们了解这些行政区划名称的变化，有利于考释定居进贤之后的曹氏世系迁徙情况。

进贤山东曹村的《曹氏族谱》，最早修纂之可考年代为南宋嘉定十四年（1182年）。我们从其中所载《豫章曹氏族谱旧序》一文中得知，主修者为南宋龙图阁学士曹应龙（对此有争议问题另文考述）。此人在江西曹氏世系中具有重要的地位，在该谱《人物志》中记载：

应龙公，号笃菴，宋淳熙九年进士，授龙图阁学士。①

曹应龙是曹端礼第十四世孙，为《大宋一统志》编修。由这样一位学识渊博的人来主修的《曹氏族谱》，我们有理由相信，其唐宋之际的世系排列迁徙情况是清晰无误的，其对后世在此基础上所续修的族谱，提供了一种规范化的模式。

新发现的进贤山东曹村《曹氏族谱》，虽然版本为民国三十五年（丙戌，1946）续修木刻活字本，从其洋洋十三卷鸿篇巨制的规模及收罗延续了自唐、宋、元、明、清以来的详尽严谨的世系内容来看，均体现出一种集大成之作的显著特色。世代居住在进贤山东曹村曹氏族人，世系繁茂，支系

① 另据雍正版《江西通志》记载，曹应龙为宋淳祐四年（公元1244年）甲辰榜进士，与《曹氏家谱》记载的淳熙九年即公元1182年进士有出入。疑《江西通志》有误，或应以家谱记载为准。

迁徙他乡富地，星罗棋布。该族谱中记录了自唐代开基祖曹端礼至今1300多年的世系排行、分居及迁徙他乡等诸多资料，并且能与清代迁徙湖南、湖北及江西省修水县之各支系准确对接互证，足可成为系统地研究考证曹雪芹祖籍地的第一手宝贵史料。这一部卷轶浩繁的《曹氏族谱》，虽历经劫难，但保存完好，自当加珍重保护，以便为今后国际学术界考证曹雪芹祖籍和家史文化研究提供极珍贵的资料，在现代学术史上应该具有不可估量的重要价值。

对于国内红学界来说，这个进贤山东曹村《曹氏族谱》似乎还是陌生的。但自去年此谱面世后，逐渐受到学术界的高度关注，给已经疲惫的曹雪芹祖籍考证和研究工作带来了振奋人心的喜讯，必将为破解诸多红学之谜提供许多新的学术信息，为绘制曹雪芹祖籍迁徙图标示了准确的原点。

进贤山东曹村《曹氏族谱》发现后，前曹雪芹学会会长胡德平先生曾于2007年秋专程到进贤“山东曹村”考察。他对此谱情有独钟，特意将族谱原件带回北京研究。胡先生是国家领导干部及红学家中参观考察进贤“山东曹村”的第一人，也是对进贤《曹氏族谱》作深入研究的第一位红学家。胡德平先生学富力强，以最快速度对进贤《曹氏族谱》进行综合研究之后，于2008年1月6日在中国现代文学馆作学术报告，将研究成果公之于众，充分肯定了进贤《曹氏族谱》的学术价值，引起了学术界和世人的关注。尤其值得一提的是，胡德平先生在演讲中除了肯定进贤《曹谱》在红学研究

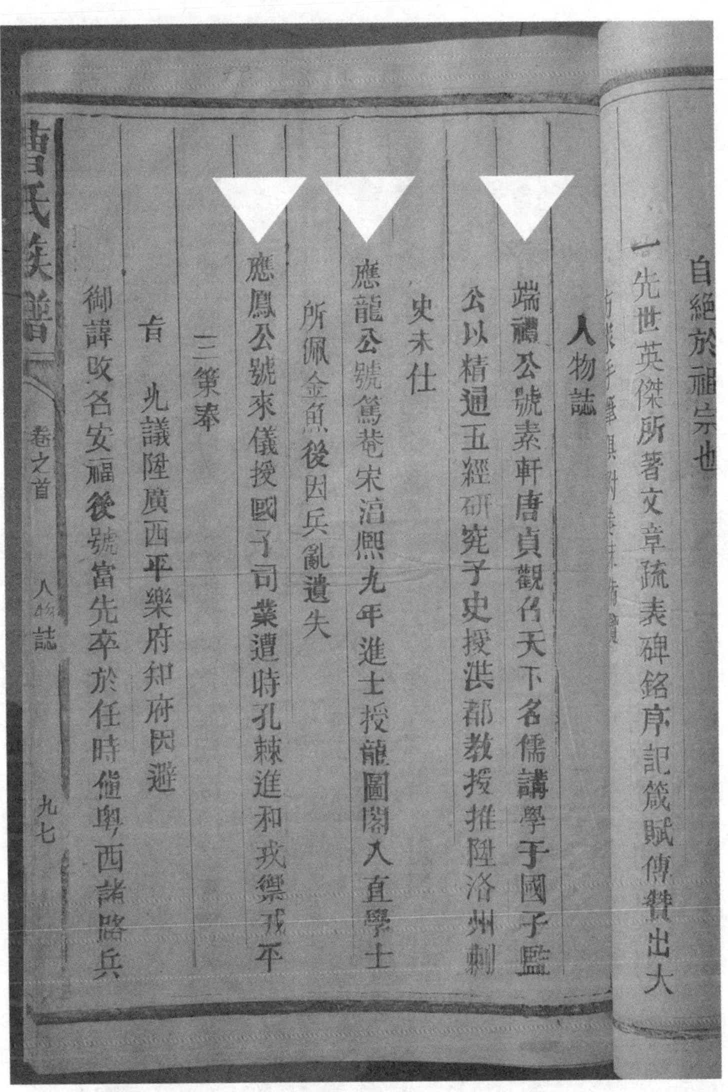

自絕於祖宗也

一先世英傑所著文章疏表碑銘序記箴賦傳贊出大

人物誌

端禮公號素軒唐貞觀名天下名儒講學于國子監

公以精通五經研究子史授洪都教授推陞洛州刺

史未仕

應龍公號篤菴宋淳熙九年進士授龍圖閣入直學士

所佩金魚後因兵亂遺失

應鳳公號來儀授國子司業遭時孔棘進和戎禦戎平

三策奉

旨 九議陞廣西平樂府知府因避

御諱改名安福後號富先卒於任時值粵西諸路兵

曹氏族譜 卷之首 人物誌 九七

进贤民国三十五年版《曹氏族谱·人物志》。

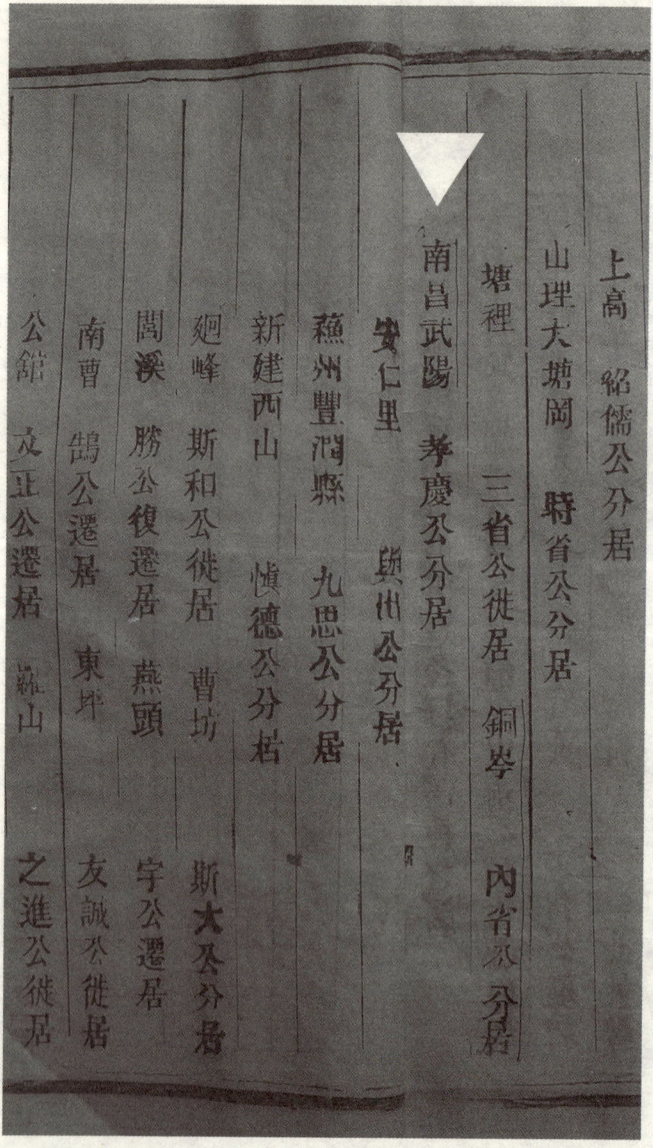

上高 紹儒公分居

山埋大塘岡 時省公分居

塘裡 三省公徙居 銅岑 內省公分居

南昌武陽 孝慶公分居

安仁里 與世公分居

薊州豐潤縣 九思公分居

新建西山 慎德公分居

廻峰 斯和公徙居 曹坊 斯大公分居

閩溪 勝公復還居 燕頭 字公還居

南曹 鵠公還居 東坪 友誠公徙居

公館 文正公還居 羅山 之進公徙居

进贤民国三十五年版《曹氏族谱》，箭头所指为曹孝庆资料。

在进贤山东曹村塔岗之西，现存曹氏祖坟山约5000亩地。此碑为清乾隆年间所立，字迹清晰可辨。

中的价值，还特别指出了此前发现的南昌武阳《曹谱》一些明显可疑且不合理的内容。

2、曹氏世系宗格

理清曹氏宗族世系关系，便于明示曹雪芹祖辈迁徙路线，为红学界探寻近一个世纪的难题提供一个有可能的新的解决方案，说不定会为此划上圆满的句号。

下面，我们将山东省定陶、汶上两地曹氏所保存的《曹氏族谱》与新发现的江西省进贤县《曹氏族谱》相参照，列

出曹氏远祖第一世及二谱相衔接之前后的宗格关系。为便于读者了解进贤《曹氏族谱》的真实情况，同时参校湖南省岳阳、平江两地民国丁丑年版《曹氏族谱》①，及江西省修水县道光二十三年版《曹氏族谱》。由于红学界一些学者的关注，我们也将江西省南昌县武阳渡②《曹氏宗祠族谱》及河北省唐山市丰润《浭阳曹氏族谱》附列对照。

《曹氏族谱》世系要录

山东定陶世系与进贤世系对照与衔接

第一世	曹振铎：周文王之子，武王十三年封于曹，以国为姓。 第二世至五十六世略。
第五十七世	**以下抄录定陶、上汶《曹氏族谱》原文。** 过，字登高。子二：知礼、端礼。 皓，钦从，丰（略）。
第五十八世 （第四世） 括号内为进贤山东曹村《曹氏族谱》标示，下同。	知礼，子二：毅、仙（略）。**端礼：**贞观庚子授官洪都学政，卜居江西进贤罗溪塔岗山东曹村，《红楼梦》作者曹雪芹公乃其后。子三：永济，立斌，永秦（按：此三兄弟均在山东省定淘老家，未迁至进贤。

①现存湖南《曹氏族谱》为民国丁丑年（公元1937年，即民国二十八年）版本。

②武阳渡在宋时为进贤县辖区，今隶属南昌县武阳镇。河北丰润《浭阳曹氏族谱》序文中记为新建武阳渡，进贤在东南方，新建在西北方，方位都错了。

为便于阅读下表，先在此加几条说明：

1、进贤山东曹村《曹氏族谱》世系以曹端礼高祖曹宵为第一世。曹宵在山东《曹氏族谱》世系为第五十五世，依次为曹荡，第五十六世；曹过，第五十七世，第五十八为曹端礼。

2、括号内小字“第四世”字样为进贤《曹氏族谱》世系排列顺序，下同。

3、“《红楼梦》作者曹雪芹公乃其后”句，为山东省定淘2007年新修族谱中文字。这个信息至今还没有引起红学界的关注，在后文将对曹雪芹的直系亲属作考述。

4、为便于读者理解，后文曹氏子孙名前均加“曹”字。

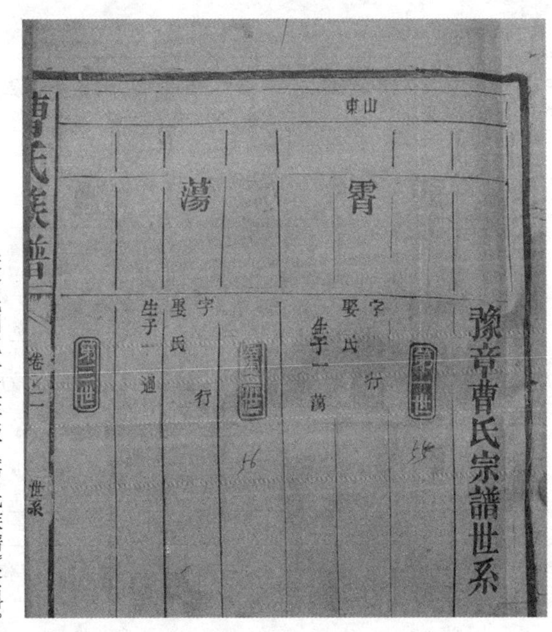
豫章曹氏宗譜世系
山東
第一世 霄 字 行 娶 氏 生子一 蕩
第二世 蕩 字 行 娶 氏 生子一 過
第三世
曹氏族譜 卷之二 世系

进贤民国三十五年版《曹氏族谱》资料。

下接进贤《曹氏族谱》，曹端礼以下世系：

<table>
<tr><td>第五十八世
（第四世）
括号内为进贤山东曹村《曹氏族谱》标示，下同。</td><td>端礼：字（彦士，①号素轩）。（据进贤《曹氏族谱·人物志》补。）
行二。（据山东定陶《曹氏族谱》补。）
生子一：详。（据进贤《曹氏族谱》补。）
生子一：唯忠。（湖南《曹氏族谱》记。）
详，唯忠，应为名与字之分，均可信。“详”为“祥”之误。
第五十九世至第六十八世略。</td></tr>
</table>

<table>
<tr><td rowspan="2">第六十九世
（第十五世）</td><td>曹守正，生子三：应龙，应凤，应麒。
曹守身，生子一：应鸾。
曹守约，生子一：应麟。</td></tr>
<tr><td>湖南《曹氏族谱》原文抄录于下：
第十二世　曹守正，生子一：印龙。
按：湖南《曹氏族谱》以曹端礼为第一世，对应进贤谱曹端礼第四世。
（“应”字进贤《曹谱》作“应”；子</td></tr>
</table>

①山东省定淘《曹谱》此处空白。作者推测，没找到原始资料。字和号据进贤《曹谱》补。曹端礼在山东定陶资料此处略。

	系排列亦有异。） 曹守身，生子二：印凤、印鸾。 曹守约，生子二：印麒、印麟。
第七十世 （第十六世）	曹应龙（前文已有介绍，略） 曹应凤、曹应麒、曹应鸾。（略） 曹应麟，号起正，生子一：恒省。 （湖南曹谱为“蘅省”）
第七十一世 （第十七世）	曹恒省：号惕吾，行五 生子一：孝庆。分居武阳 （即今南昌县武阳镇，此时山东曹村子孙已陆续分居各地。）
	湖南《曹氏族谱》原文抄录于下: **第十四世** 曹蘅省：生子孝庆，授兴隆府（应为隆兴府，①今江西南昌。）太守，后分居进贤武岗祖。（注：“岗”为“阳”之误，湖南谱仅记录到此，后世与进贤谱分支。）
第七十二世 （第十八世）	**曹孝庆**（分居武阳），号吉卿，官授隆兴府知府，居豫章城南。 生子一：浩。

①隆兴府：南宋隆兴元年（公元1163年）置隆兴府，领八县。府治南昌。

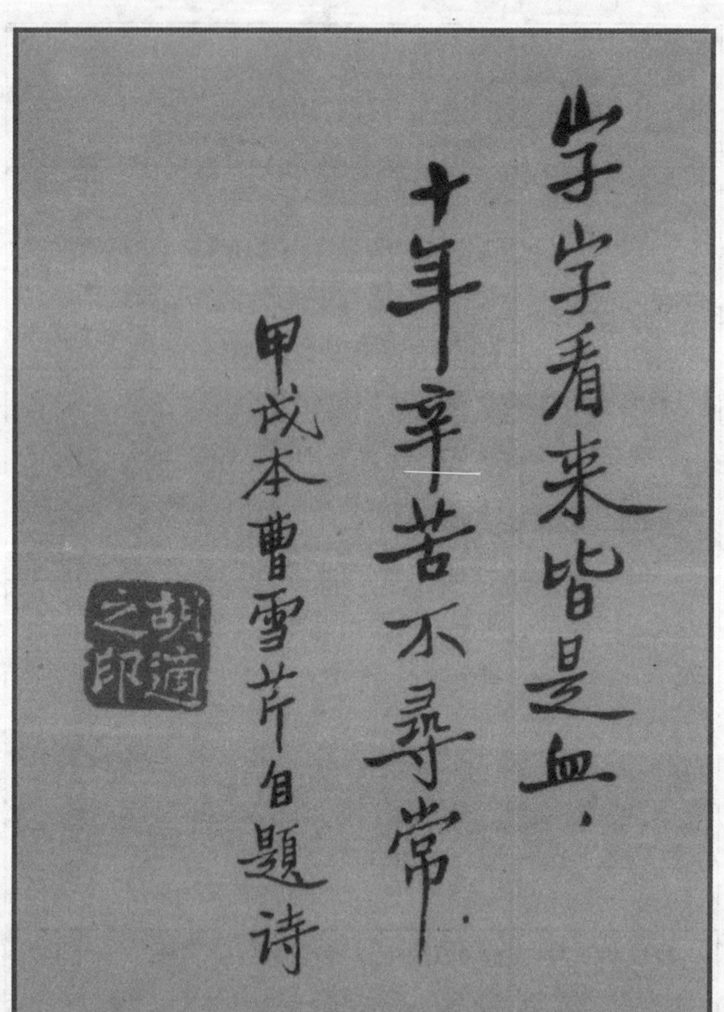

胡适在《脂砚斋重评石头记》甲戌本原件上题字：

字字看来皆是血，十年辛苦不寻常。

甲戌本曹雪芹自题诗（胡适之印）

第七十三世 (第十九世)	曹浩，号善翁，行一，居辟邪①（今南昌武阳）。 生子二：子义、子华。
	下接武阳曹谱: 曹浩，号善翁，行一，居辟邪。成洎（应为西辽“咸清”之误）八年（公元1152年）除大理寺卿。（此“大理寺卿”资料待查）
第七十四世 (第二十世)	子义，字宜之，行一，号诚吾。 生子一：舆立。 （丰润《浭阳曹氏族谱》在曹舆立名下添加了曹端明、曹端广二个弟弟，这是进贤《曹谱》未记录的。） 子华，行二（略）
第七十五世 (第二十一世)	曹舆立，字端可，行三。元大德朝两任藩岳，②授职万户，钦赐便宜决事。生于宋德佑丙子年（公元1276年）二月十四日辰

①据江西省《南昌市志》记载：“宋隆兴年间，任廷玉由福建汀州府宁化县来江西为官，见此有天鹿、辟邪双瑞之异，遂卜居焉。”据传，附近原有南阳墓，两旁有石雕天鹿、辟邪，均长翼成仙，天鹿飞去，辟邪落于村中，故名。清代有集墟，称辟邪市，此地名今仍为辟邪里。

②元代之万户为军职，军职可以世袭。根据统兵数量级别分为：中万户府，下万户府。结合“授职万户”、“钦赐便宜决事”综合理解，“藩岳”应是统领一方的军政大员。

	时。殁于元至正癸未年（公元1343年）四月十九日辰时。
第八十二世 （第二十七世）	（第七十六世至第八十一世略） **曹俊** 生子二：近堂、除堂。

此表将进贤曹氏历史上重要人物都作了简要叙述，如，武阳曹孝庆、辽阳曹端可、铁岭曹俊都是学术上争论的焦点人物，厘清他们的生平与祖籍问题具有重要的学术意义。

下面是进贤《曹氏族谱·人物志》对曹端可的记录：

与立公，号端可。元大德（公元1310年）朝两任藩岳，授职万户，钦赐“便宜决事”。

翰林朱备万赞公遗像云：“任以藩岳，持节护（赴？）戎，负冠军之勇，全报国之忠。便宜行事，玉帐生风，职司万户。”

曹端可生于1276年，至元大德元年才22岁，正值青春年少之时，即为封疆大吏万户候，必是智勇双全之帅才。

从曹端可在元大德年间“授职万户”的记录，便可以回答曹氏为何北迁的问题，同时还可以解决“辽阳说”和“铁岭说”关于“入辽始祖”是谁的问题。红学界对曹氏北上的

诸多真相也将大白于天下。甚至包括丰润《曹谱》中记录的所谓曹端明、曹端广兄弟①如何北上，以及辽阳曹的问题，都将得以澄清。这些问题在此暂不作讨论。

总之，从进贤《曹谱》的记载可以看出，今南昌武阳是进贤曹氏始祖曹端礼第十八世孙曹孝庆，在官授隆兴府知府后的分居地。同样，此后曹氏子孙北迁，不论是迁辽阳、丰润、铁岭，还是迁北京、南京、杭州，都是进贤曹氏的分支。

从“辽阳说”或“丰润说”等考证资料中可知，北迁的曹氏子孙，或因战争，或因朝代更迭，或因职事升迁，都在不断地迁徙居住地。唯有他们当初迁出的“老家”——进贤山东曹村，其居住地至今没有改变，他们世世代代在此繁衍生息。

令人欣慰的是，在社会日益安定和谐发展的今天，历代迁徙他乡的曹氏子孙，通过各种途径，纷纷到此寻根问祖。曹端礼在唐代创建的进贤“山东曹村”，至今仍是身在他乡的子孙们牵挂的祖籍地。如明清时期迁居湖南、湖北及本省修水县的曹氏后裔，便在2008年6月中旬委派代表回到“老家”祭祖，圆了他们祖辈几百年的认祖归宗之梦。

然而，最让人遗憾的是，南昌武阳曹氏由于历史遗留问题未能解决，至今尚未认祖归宗。

---

①湖南岳阳《曹谱》对曹端明、曹端广兄弟有详细记录，南昌武阳《曹谱》改版后，此段史料以湖南岳阳《曹谱》为准。

第五节 丰润、辽阳、铁岭、武阳《曹谱》概说

南昌武阳、河北丰润、辽宁辽阳三地近十几年都处在曹雪芹祖籍争论的漩涡之中，辽宁铁岭市也是主要的争论者之一，谁是谁非，我们有必要对其关键史料（谱牒）的学术价值及其可靠性进行评点，去其附会不实之词，还曹雪芹祖籍之真实性。

1、南昌武阳《曹氏宗祠族谱》

南昌武阳《曹氏宗祠族谱》（以下简称武阳《曹谱》，下同）是清代编纂的，武阳曹氏与进贤曹氏本是同宗，是进贤曹氏始祖曹端礼第十八世孙，由南宋隆兴年间迁居武阳。不仅进贤《曹谱》有记载，清代从进贤迁往他乡的曹氏后裔（湖南岳阳、江西修水）保存的族谱也可互证。但是，现在看到的武阳《曹谱》始祖为宋曹彬①，这是天方夜谭的笑话。

①曹彬（公元931—999年），字国华，真定灵寿（今河北）人，其先祖出自曹操后裔，其父曹芸在五代十国官至成德军节度都知兵马使。曹彬是北宋开国名将，曾助宋太子，太宗北拒辽国，平定南唐蜀地，结束五代十国的长期分裂，统一全国，在北宋开国诸将中功居首位。曹彬距辽阳曹是九代以上，距武阳曹孝庆300余年。

一查进贤《曹谱》的记载，即可知其虚妄。因为在现存的所有《曹谱》中，都找不出与曹彬前后相接的真实记录。面对新时期曹雪芹祖籍在武阳一说，作者推测，红学界所看到的今南昌 武阳《曹谱》，都是上世纪1993年的版本。这个版本编造的痕迹是非常明显的，在族谱姓氏源流中记载始祖为山东曹国曹振铎，却把曹孝庆的始祖记作宋代名将曹彬（曹彬为夏侯氏后裔），自相矛盾。编造者和当今宣传者都缺乏一个基本的历史常识，致使该谱世系及年代对不上。20081年月6日，红学家胡德平先生在中国现代文学馆演讲时说：

进贤发现的《曹氏族谱》（进贤山东曹村）明确记录了武阳曹家是曹端礼之后，武阳曹氏就绝不是曹彬之后，因为曹端礼要比曹彬早300年。武阳《曹谱》将曹孝庆与曹彬五世相接，还存在一个很大的漏洞。

这个漏洞出在哪里呢？首要问题是关于曹孝庆的始祖及迁徙地的记载有编造的嫌疑，据武阳《曹谱·迁徙录》记载：

孝庆公，宋理宗朝官，右正言。咸淳元年知隆兴府，即

---

① 在进贤山东曹村《曹氏族谱》中明确记载：“曹孝庆，官授隆兴府知府，居豫章城南。”根据清宣统二年江西省城（南昌）街道全图的标示，顺化门在偏东方向，曹家巷亦是。从南昌城民俗方面考察，曹家巷地名最早不会早于明代中期，武阳《曹谱》不可信。

南昌府治。因由河北真定府灵寿县，携家南迁，居省城顺化门内，今称曹家巷是也。①

这个材料与进贤《曹谱》原始材料记载（见前文世系表）相对照，可知是编造的。

据清末南昌地图标示：南宋隆兴府（南昌）有唐代修建的城墙为界，进贤县辖区界线是进贤门内与城门外之分，进贤门在南昌城的东南方向，武阳也在此方向，同属进贤县管辖，这方面的资料在清代《南昌县志》和《进贤县志》中都可以查到的，只是在清末民初由于行政区划的变更武阳渡才归南昌县管辖。

进贤《曹谱》明确记载：曹孝庆，官授隆兴府知府，居豫章城南，携家自进贤山东曹村迁至武阳渡分居。我们查阅了相关资料，与胡德平先生的论述是一致的，由此可以看出武阳《曹谱》及持曹雪芹祖籍武阳说者的尴尬。

胡德平先生还查考了曹孝庆的史料，抄录如下：

宋史对曹孝庆有三次记录，都是宋理宗景定四年（公元1263年）的事情，在咸淳元年（公元1265 年），曹孝庆即在隆兴府（今南昌市）做官。而宋代开国元勋曹彬，则是公元931年至999年的人。如果曹孝庆是曹彬的五世孙，两者相隔305年（曹彬以宋建国的960年算起，算到曹孝庆官隆兴府的1265 年），六代人平均都要过五十岁才能生子。这显然是

不合理的。

南昌武阳《曹谱》的记载是近乎关公战秦琼的把戏，六代人平均都要过五十岁才能生子更是离谱，这不仅是“不合理”而且是“理不该”如此。

其实，看过武阳《曹谱》的红学家们心里都清楚，在武阳《曹氏宗谱·曹氏姓氏源流表》中记载的始祖是山东曹国曹振铎。而曹彬为曹操一支，本姓夏候，历史上夏候氏与曹氏如何能嫁接成嫡系子孙呢？学术考证，言出有据，一语道破天机，武阳曹氏始祖是嫁接的，所谓的曹雪芹祖籍在武阳一说当不攻自破。

下面我们再引用红学大家周汝昌先生在《曹雪芹新传》第一章里的一段话，或许红学界对武阳《曹氏宗祠族谱》会另有一番感慨。

曹玮的四传后裔，因在江西做官，遂落户在那里。到了北宋末年，因受金人（女真族，满族的祖先）的侵逼，宋高宗抛弃了首都向南方逃走，成立了南宋朝廷，因而曹氏后裔也有落户于南方的，江西进贤曹玮的这支后裔就是曹寅，曹雪芹的上世了。

周汝昌先生这段话明显是受武阳《曹谱》的误导，所表述的信息是不可靠的。我们将进贤、湖南岳阳及武阳三方的

《曹谱》相对照，自曹孝庆至唐代的祖先全部记录在进贤的《曹谱》中。曹孝庆的子孙至清代世系在湖南衡阳《曹谱》中也是有记录的，只是少数音同字不同而已。还有迁往丰润的十余代曹氏后裔都记录在岳阳《曹谱》中，两省三地清代和民国旧谱对照，足以看出武阳《曹谱》是经过修改的。我们再重新审视学术上关于曹雪芹祖籍在武阳这个问题，武阳《曹谱》是上不连天（祖宗），下不接地（与金陵曹家和曹寅没有关系），武阳如何能成为曹雪芹的祖籍地？如要坚持曹孝庆是曹彬后裔，唯一可行的办法就是：再作修改，说明此曹孝庆非彼曹孝庆，否则难于自圆其说。

综上所述，我们对曹雪芹祖籍“武阳说”提出两个方面的问题供大家讨论。

从学术论文文本角度分析，关于曹雪芹祖籍在武阳的论断过于草率。我们在考证曹雪芹的祖籍时，在大的历史环境中，从家的概念里做一个理性的思考和分析，就会发现下面这两个问题是不能回避的：

第一，南昌武阳《曹谱》中是否能找到康熙南巡与曹寅在江宁制造署任时相关的文字材料。

这个问题涉及到曹寅与进贤曹茂生同宗兄弟关系。在进贤《曹谱》中能找到曹茂生参与接驾的文字材料，这是其它地方的族谱中所都没有的文字记载。在“武阳说”、“辽阳说”、“丰润说”等论述中都拿不出与曹寅江宁制造有关的资料，这是一个死结。因此，曹雪芹祖籍在武阳之说也就不能令人信服。

第二，南昌武阳《曹谱》中是否能找到与金陵曹家相关的任何文字材料。

不仅是武阳《曹谱》中找不到与金陵曹家相关的信息，在目前已知的其他《曹谱》中，也没有与金陵曹家相关的信息，唯独进贤《曹谱》有一些零星的文字记载，透露出进贤曹家与金陵曹家相关的信息，而且有民间传说及历史遗迹可供佐证。

其实，大家都有同感，我们在阅读每一篇关于曹雪芹祖籍研究与考证的文章时，感觉都是在考证曹寅祖上的祖上，红学（曹学）家们都是以此来确定曹雪芹的祖籍，这些考证结论都是经不起推敲的。作为考证的核心证据，在《曹谱》中找不到任何与曹寅工作和生活相关的文字材料，这个结论就存疑或不能成立。

就南昌武阳《曹谱》本身而言，将武阳认定为曹雪芹的祖籍地，存在以下两个致命的问题。这不是学术问题，而是武阳《曹谱》在历次辑修时自己制造的问题。

第一，将唐代豫章开基祖曹端礼老祖宗换掉，以宋代开国名将曹彬这个假祖宗代替真祖宗，这破事做的不彻底，只改了武阳和丰润两地的《曹谱》，这两地认祖河北真定灵寿曹彬，但曹彬的后裔不认他们，在谱系上也无法链接。好在这两地曹氏自清代以来就没有想过要联宗共族谱的事。

第二，曹端礼后裔虽然散居全国各地，几百年来没有任

何往来，但家谱基本上保存完整。其中，完整地记录了南昌武阳曹孝庆这一支（包括丰润曹氏）世系资料，但都与武阳和丰润《曹谱》记载大相迳庭。问题出在哪里呢？

进贤“曹氏祠堂”存有赣、湘、鄂等地的《曹氏族谱》的复印件，我们将这些史料与武阳和丰润《曹谱》相对照，发觉问题的根源在于三百年前丰润的曹鼎望在修曹氏南北合谱时作了一件蠢事——改换祖宗，虽然当时他不知道身后会发生本家曹雪芹写《红楼梦》这部小说的事，但他串联南北合谱并声明换祖的行为，可以认定是给今天的学术界开了一个历史性的国际玩笑。同时也可以证明曹鼎望是清代数典忘祖的典型人物。

前文我们以大量的篇幅论述了曹孝庆的历史情况，指出了其中的真伪和历史问题，也理清楚了武阳曹氏与进贤曹氏自清代至今的旧事，已是三百年后了。江山依旧在，往事都付笑谈中。

2、丰润《曹谱》的几个问题

虽然河北丰润曹氏是从今南昌武阳迁徙而来，但没有任何史料证明“曹雪芹祖籍在丰润”，胡适在上世纪40年代初就指出曹寅祖籍与丰润无关。相反，丰润曹氏与进贤曹氏有关，其祖籍在进贤，丰润是曹端礼子孙的迁徙地，与进贤曹氏一脉相联，同祖同宗。

从宗族关系考查，今南昌武阳《曹谱》与河北丰润《曹

谱》是有直接关系的，这说明“丰润说”不是空穴来风，并且得到毛泽东的认同。在“文革”期间，丰润籍的北京市委书记吴德在一次中央会议上，毛泽东对他说了一句玩笑话：“你是曹雪芹的同乡嘛！”在特殊年代，毛泽东的一句玩笑话似乎给曹雪芹祖籍“丰润说”定调了。

关于“丰润说”我们首先要提到在红学史上的两个重要人物，一个是李玄伯，他是“丰润说”的始作者，另一个就是胡适先生。

关于曹雪芹祖籍在丰润的讨论序幕是由李玄伯《曹雪芹家世新考》一文开始的。1931年《故宫周刊》第84、85两期刊登了该文，文中最重要的文献依据是尤侗《艮斋倦稿》十三卷《松茨诗稿序》，序文如下：

司农曹子荔轩，与予为忘年交。其诗苍凉沉郁，自成一家。今至乃兄冲谷薄游吴门，因得读其《松茨诗稿序》，则又体气高妙，有异人者，信乎兄弟擅场，皆邺下之后劲也。予既交冲谷，知为丰润人。

李玄伯就是根据这段序文推演得出结论：冲谷是丰润人，曹寅与冲谷互称兄弟，则曹寅亦为丰润人，曹寅与曹雪芹是祖孙关系，因而得出了结论，曹雪芹祖籍在丰润。

这个逻辑表面上看似乎合理，所以，后人也多次引用这段序文来支持“丰润说”，其实这是说不通的。

丰润豫章曹氏坟碑记

我们有必要对这段序文进行新的解读，用新发现的史料澄清红学界的一些误解，理顺曹寅与曹铨（冲谷）的兄弟关系。根据进贤《曹谱》记载，他们为同宗兄弟。如下表：

进贤始祖	
曹端礼——	**武阳曹氏——丰润曹氏**
	曹孝庆（远祖）——曹鼎望——曹铨
	辽阳曹氏
	曹俊（远祖）——曹玺——曹寅

上表是进贤《曹谱》记载的外迁后裔的情况，从中即可知道曹寅与曹铨实为同宗兄弟关系，他们虽同为曹端礼的后裔，即祖籍在进贤山东曹村，但籍贯不同，支脉不同。曹寅一支应源自辽宁铁岭河北，而不是河北丰润。

李玄伯所引用的这段序文难以支持他的“丰润说”，实际上当时就遭到胡适先生的质疑。胡适于1948年2月在上海《申报·文史》第十期《曹雪芹家的籍贯》一文中指出：

> 这里（指李玄伯引用的序文）并没有说曹寅（荔轩）是丰润人，只说一位曹冲谷是丰润人……

胡适没有支持李玄伯的“丰润说”，这说明“丰润说”证据不足。但是，在后来关于曹雪芹祖籍的学术讨论中，“丰润

说”似乎成为定论。对此，我们有必要对“丰润说”做深入的探讨。

自发现进贤《曹谱》后，以前关于曹雪芹祖籍的学术讨论不再觉得神秘了，与曹雪芹祖籍相关的人和事都能找到相对应的材料进行解读。如：丰润曹氏原是从“进贤武阳”即今南昌武阳镇迁徙而来，而武阳曹氏又是从进贤山东村迁出的，其祖先世系情况在进贤《曹谱》中都有据可查，在湖南岳阳《曹谱》中也是有据可查的。我们在前文讲到，经上世纪90年代篡改过的南昌武阳《曹谱》中存在一些问题，在丰润《曹谱》中也同样存在。我们查阅三地三方的谱序，发现这个问题所产生的根源正在清曹鼎望（康熙九年，即公元1670年）主修《曹氏南北合谱》所篡改过的。篡改的要害就在于把武阳曹氏中迁至丰润的始祖曹端明、曹端广，连同武阳曹氏一并嫁接到河北真定的曹彬身上。关于这方面的细节问题是复杂的，也没有研讨的价值，就此打住。我们在下面讨论两个与“曹雪芹祖籍在丰润”有关的问题。

第一，谁是北迁曹氏的始祖？在前文“曹氏世系宗格”里介绍了曹端可是曹端礼第二十世孙他是第一个在元代北迁的曹姓，此处不复述。至于明永乐二年曹端明、曹端广如何从江西武阳迁居丰润的，谁占籍哪里，谁卜居哪里，我们就没有必要去追究了，反正这兄弟俩居住地在哪里都无关紧要了，与曹雪芹的祖籍是“前不靠村，后不着店。”

丰润《浭阳曹氏族谱》为清代光绪三十四年（公元1908

年）武惠堂刻本，录有康熙九年（1670年）曹鼎望《曹氏重修南北合谱序》，还录有光绪三十四年（1908年）吕万绶作《曹氏宗祠碑记》，此谱现存唐山市丰润区文物管理所。据序文记载，丰润曹氏，从明永乐二年始至清末，直至今天，世居丰润咸宁里。

在《浭阳曹氏族谱》中，关于曹端可与曹端明①、曹端广为兄弟的事有必要说几句。

进贤《曹谱》的记载是：曹端可是元大德年间的朝庭命官，两任藩岳。（前文已作介绍，此处略。）

将进贤《曹谱》与丰润《曹谱》两相对照，曹端可出生

丰润《浭阳曹氏宗谱》，清光绪三十四年武惠堂刻本。

①据《浭阳曹氏族谱》卷四，“谱世，单序丰润一支”记载：“曹端明，字伯亮。明永乐二年由南昌武阳迁丰润。配黄氏，子一：英。为北籍始祖。”

滿紙荒唐言
一把辛酸淚
都云作者痴
誰解其中味

至脂硯齋甲戌抄閱再評仍用石頭記出則既明且看石上是何故事按那石上書云當日地陷東南這東南一隅有處曰姑蘇有城曰閶門者最是紅塵中一二等富貴風流之地這閶門外有個十里街街內有個仁清巷巷內有個古廟因地方窄狹人皆呼作葫蘆廟廟傍住着一家鄉宦姓甄名費字士隱嫡妻封氏情性賢淑深明禮義家中雖無甚富貴然本地便也推他爲望族了只因這甄士隱稟性恬淡不以功名爲念每日只以觀花修竹酌酒吟詩爲樂到是神仙一流人品只是一件不足如今年已半百膝下無兒只有一女乳名英蓮年方三歲一日炎夏永晝士隱於書房閑坐至手倦拋書伏几少憩不覺朦朧睡去夢至一處不辨是何地方忽見那廂來了一僧一道且行且談只聽道人問道你攜了這蠢物意欲何往那僧笑道你放心如今現有一段風流公案正該了結這一干風流冤家尚未投胎入世趁此機會就將此蠢物夾帶于中使他去經歷經歷那道人道原來近日風流冤孽又將造劫歷世去不成但不知落于何方何處那僧笑道此事說來好笑竟是千古未聞的罕事只因西方靈河岸上三生石

《脂砚斋评石头记》甲戌本第一回此两页朱批提供的信息，是我们研究曹雪芹和脂砚斋的重要文献资料。

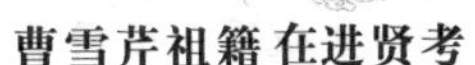

之年距明永乐二年计129年，元代的曹端可如何能与明代的曹端明、曹端广兄弟二人成为亲兄弟？在此，我们就没有必要去费心机想象这个近乎神话的故事了。

第二个问题是，曹寅和曹鼎望①的儿子曹铨三兄弟为何要称兄道弟？这个问题是持“丰润说”者最有力的证据之一，也是持“辽阳说”驳斥“丰润说”最有力的证据之一，更是红学界最为关注的一个疑难问题。为了说明问题，我们抄录几段曹寅的诗题（诗文略），如下：

《冲谷四兄归阳，予从猎汤泉，同行不相见；三日禁中见月感赋，兼呈二兄》（《别集》卷二）

《宾及二兄招饮，时值宿未赴，怅然踏月口占，兼示子猷二首》（《楝亭诗别集》卷二）

《松茨四兄，远过西池，用少陵“可惜欢娱地，都非少年时”十字为韵，感今悲昔，成诗十首》(《楝亭诗钞》卷二)

《西轩赋送南村还京，兼怀安侯姊丈、冲谷四兄，时安侯同选》（《楝亭诗钞》卷四）

据丰润《曹谱》记载：曹鼎望有三个儿子，依长幼为：曹钊、曹钤、和曹铨。上文提到“冲谷四兄、松茨四兄”均

①进贤《曹谱·人物志》录有曹鼎望、曹首望、曹民望简介。

②曹钤，字宾及，号瘿庵，著有《瘿庵集》、《黄山纪游》《扈从纪略》《笔涛养正图》等文集。

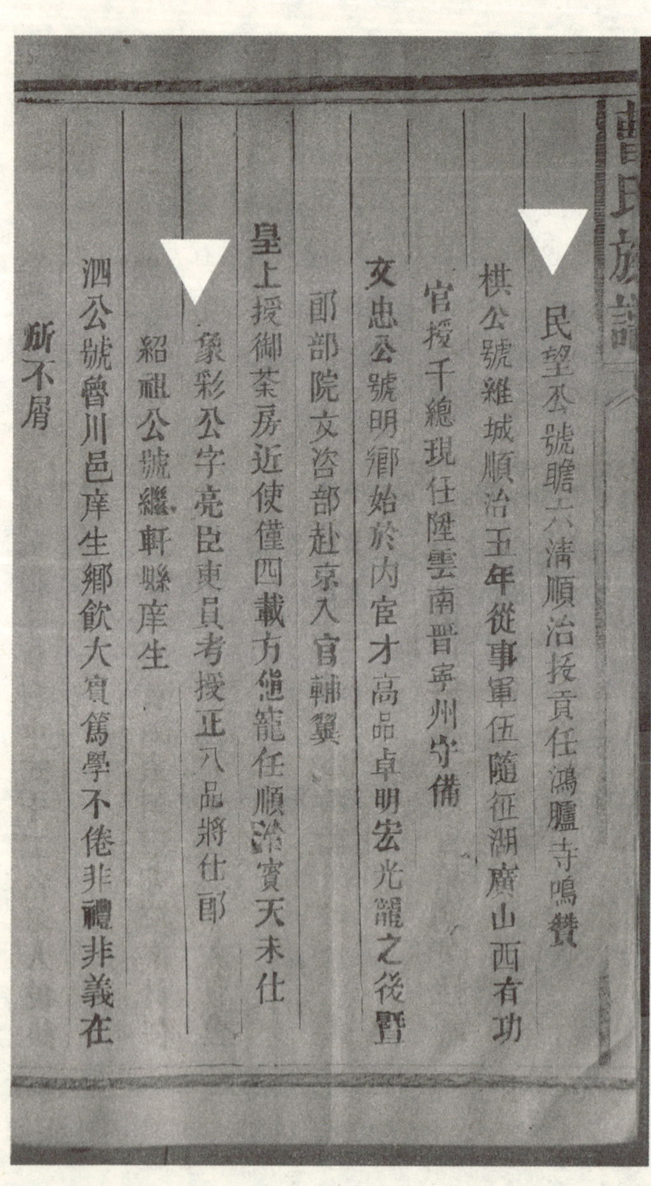

曹氏族譜

民望公號聘六清順治授貢任鴻臚寺鳴贊
棋公號維城順治五年從事軍伍隨征湖廣山西有功
官授千總現任陞雲南晋寧州守備
文忠公號明卿始於內官才高品卓明宏光寵之後暨
郎部院文咨部赴京入官輔翼
皇上授御茶房近使僅四載方邀寵任順治賓天未仕
象彩公字亮臣吏員考授正八品將仕郎
紹祖公號繼軒縣庠生
泗公號魯川邑庠生鄉飲大賓篤學不倦非禮非義在
所不屑

进贤民国三十五年版《曹氏族谱·人物志》

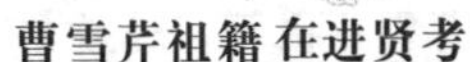

指曹铨，宾及指曹钤②。

篡改家谱，是清代少数出身低微的文人的恶习。曹鼎望在青云得志时，更加肆无忌惮地编造家谱，嫁接新祖宗。他在主持修纂《曹氏南北合谱》时，并没有将老家进贤山东曹村纳入新谱中，而是利用自己的权力和知识继续编造故事，欺骗家族和后人。尽管河北真定曹鼎望将始祖嫁接为曹彬，但我们至今都没看到与丰润曹端明、曹端广的相关资料。

当曹寅在江南发迹时，曹鼎望儿子与曹寅称兄道弟，本来他们都是曹端礼这个祖宗的后裔。我们从金陵曹家的情况可知，曹寅一家尽管在关外已成为满族旗籍，但他们始终没有改变自己是曹端礼的子孙，认同祖籍在江西省进贤县山东曹村。因为血脉宗情，曹寅在情感上始终保持与曹鼎望父子的联系，从血缘关系上宽容了曹鼎望父子编造家谱的行为。曹寅心胸宽广，不愧为康熙大帝信任的治国良才，因而有我们今天看到的他与曹钤兄弟称兄道弟之言辞。

3、李奉佐与“铁岭说”

讲完“丰润说”必然要讲到“铁岭说”。其实，在红学界持“铁岭说”者就李奉佐老先生一人。

2008年6月中旬，我去辽宁省铁岭市考察曹雪芹祖辈迁徙地之事，并拟拜访铁岭博物馆的李奉佐先生，正值端午节放假的第二天，铁岭市博物馆和周恩来纪念馆值班的同志告诉我，李先生已退休好多年了，又搬了两次家，无法联系。既然找不到人，就希望在当地书店和旧书摊能找到他的著作。

“文革”时期印制的《曹雪芹西山著书图》。

新华书店设有铁岭作家著作专框，在专框上虽然没有李奉佐的著作，但在《铁岭文化名人》一书中，对李奉佐有一段介绍，算是此次千里之行对李奉佐有了一个简单的认识，我虽然是带着遗憾离开铁岭，但有机会还是要去看一下记叙曹俊后裔的碑文，它可能是查考曹俊“入辽”后的重要史料。

第二天前往唐山市，在市文化局郝连喜（工会主席）的热情帮助下，来到丰润区拜见了电视专题片《红楼梦与丰润曹》的主创王家惠先生。王家惠先生送我一本李奉佐、金鑫著《曹雪芹家世新证》①。书中有这样一段文字：

关于曹雪芹一系与丰润曹氏的血缘关系问题，不是笔者的发现，很多学者早有论及。即曹雪芹一系与丰润曹氏有共同祖先武惠王曹彬，到了曹雪芹的祖父曹寅这一辈又与丰润曹氏称“骨肉同胞”，这至少可以证明曹雪芹一系和丰润曹氏是同一血缘的同族本家关系。

——见该书《“丰润说”补证》

李、金二位先生这段论述涉及到两个方面的问题。第一，曹彬是南昌武阳编造的假祖宗，与曹雪芹祖籍毫不相干，这在前文已有论述；第二，关于“骨肉同胞”问题，亦如前文所论，只是曹寅与曹鈖作为同宗之间的称谓，属于一种礼节，

① 李奉佐、金鑫著《曹雪芹家世新证》，春风文艺出版社，2001年2月第一版。

并不能据此断定是亲“骨肉”。

另外一个问题，就是书中摘引了《丰润曹谱》卷三《谱世》的一段内容，原文摘抄如下：

《丰润曹谱》卷三《谱世》载：

始祖，武穆公讳玮五世孙也，为南昌第一世。

孝庆，字□□，行一，位朝散大夫，集英殿修撰，显文阁待制，出守隆兴府，转中奉大夫。

第二世，孝庆，行一，子二：善翁，字天其，又讳浩，行一，宋景炎进士，元初累聘不仕，在宋位至中奉大夫。配赵氏，子二：子义、子华。葬辟邪曹家山。始由豫徙居今南昌新建县之武阳渡；美翁，字□□，行二……

第三世，美翁，行一，子二：子义，字□□，行一，太学生，暮年不乐仕进，徜徉山水，著有诗集遗世。配张氏，子三：端可、端明、端广，子华，字□□，行二……

第四世，子义，行一，子三：端可，字□□，行一，仕元两任藩岳，封授万户侯，钦赐便宜行事。配曾氏，子二：孔直、孔方；端明，字伯亮，行二，永乐二年占籍丰润，为此曹始，以后另序；端广，字□□，行三，占籍辽东(《序言》说：占籍辽东铁岭)，后人失载。

我们将进贤《曹谱》、岳阳《曹谱》和上引丰润《曹谱》相对照，便发现以上这段资料是新编的，与多家《曹谱》事实不符。

第一，曹操一支的曹姓和山东曹振铎一支的曹姓后裔是无法对接的，武阳《曹谱》和丰润《曹谱》在这一点上恰恰是自相矛盾的，即上接曹操后裔曹玮（武穆公），又下接进贤曹氏后裔曹孝庆。

第二，曹孝庆与曹玮的年龄及辈分是无论如何也对接不上的。正如前文胡德平先生所言“存在很大的漏洞”。这是个非常明显的“漏洞”，自“武阳说”诞生十几年来，红学家们难道都看不出问题吗？李奉佐也陷在这团迷雾之中，这正是丰润《曹谱》的编纂者人为设置的迷雾。进贤《曹谱》对曹孝庆有这样的记载：

曹恒省为应麟第五子，“号惕吾，行五。娶刘氏，殁葬辟邪街南。生子一，孝庆。分居武阳。

曹孝庆，号吉卿，官授隆兴府知府。家豫章（南昌）城南。娶万氏。殁葬辟邪街南曹家山。生子一，浩。

可是，曹孝庆终其一生只是隆兴府（今南昌）的一个小知府，若是如丰润《曹谱》所编造的世系中曾任朝廷中奉大夫，进贤《曹谱》怎会不好好地给他记上一笔？这是光宗耀祖的大事呀。

在丰润《曹谱》中，还有一句更离谱的话：“始由豫徙居今南昌新建县之武阳渡”。这句话若是讲“南昌市新建县之武阳渡”，就不是曹孝庆迁居，而是指曹孝庆孙子的孙子迁居。今南昌武阳渡曹氏将原“进贤武阳渡”改为“南昌武阳渡”，原本是因行政区划的变更；而丰润曹氏将“进贤武阳渡”改为“新建县武阳渡”，则方位都错了。改地名是要清政府颁布政令的，不是武阳曹氏或丰润曹氏家谱中说改就能改的事，这不是存心给后人添乱吗。

曹孝庆在进贤《曹谱》中为曹端礼第十八世孙；在山东省定陶《曹谱》中为第七十二世孙。曹浩是七十三世（进贤是第十九世）孙，号善翁，行一。生子二：子义、子华。详见下表：

第二十世	曹子义，字宜之，行一，号诚吾。 生子一：**与立**。 曹子华，字国珍，行二，号斐吾。 生子一：与出。
	曹与立，字端可，生子二：孔直，孟方。 （曹与立是元大德年间进贤曹氏后裔北上辽阳的始祖。此为进贤《曹谱》记载，前文已介绍，从略。）

另外，在进贤《曹谱》中没有记载曹端可有曹端明、曹端广两个弟弟，看来这也是丰润《曹谱》编造的一桩无头公案。

下面很有必要再引用李奉佐《“丰润说”补证》第五节的一段文字。

《丰润曹谱》载：“端可，行一，仕元两任藩岳，封授万户侯，钦赐便宜行事。”曹端可是元朝的官，是侯爵，并且是“封授”，不是世袭，其封爵之年不可能年龄太小，至少应到三十而立之年。若他在元末封爵，随即元灭明兴，他在明朝建元（1368）之时也不会小于三十岁。那么他的大约生年应该在1338年左右了，已是至元年间。到了曹端明弟兄卜居丰润的永乐二年（1404）之时，曹端可已经六十六岁以上了。曹端广作为幼弟，年近五旬，比大哥小十六七岁，是完全合理的。而实际上曹端可的年龄可能比我们推测的还要大，因为他是“两任藩岳”。可见推算曹端广永乐二年之时五十岁左右，绝不会有大错，并且只能大于五十岁。由此可定曹端广的大约生年是1355年，即元朝至正十五年之前。

李奉佐认真考证的本意是积极为“丰润说”补证，但结果是起负面作用的。

李奉佐精心推算曹端可的出生年月，可谓用心良苦，但是，进贤《曹谱》对此有详细记载，我们以史料为准，曹端可生于宋德祐丙子年（1276年），至明朝永乐二年（1404年）相距129年，早已作古。事实胜于雄辩。

元朝（公元1206年--1368年）国祚162年，曹端可为元大德年（公元1297年--1307年）两任藩岳，在任十年。元军从北方打到长江北岸已花了很长时间，打过长江灭南宋是遭受到顽强抵抗的。曹端可从加入元军到受元军信任和重用，应是英勇无敌，智勇双全的年轻帅才。我们推测，在元军打过长江时，曹端可即仕元从军；在升任藩岳之前应是元朝的有功之臣。据进贤《曹谱》记载：曹端可活了67岁（见前文世系介绍），在公元1343年去世。曹端可的父亲殁于元大德丁酉年（公元1297年）七月初八寅时，即曹端可初任藩岳之年。

据丰润《曹谱》记载，曹端明兄弟于明永乐二年（公元1404年）卜居丰润，记载的时间或许是准确的吧！若与进贤《曹谱》记载的情况对比，我们不管怎么推算，曹端明和曹端广都不可能成为曹端可的亲兄弟，更不可能成为曹子义的亲生儿子，曹子义晚年在进贤生活，岂有不将两个儿子记载到族谱中的道理？

据此，我们对曹雪芹祖籍“丰润说”和“铁岭说”均有待重新审视，对其间明显的矛盾找出合理的解释。

4、关于“辽阳说”的几个问题

1962年，在北京发现了《辽东曹氏宗谱》的抄本，它是由曹氏后人献出的。此时，正在筹备“曹雪芹逝世二百周年纪念展览会”，这次活动是由文化部，中国文学艺术界联合会，中国作家协会，故宫博物院主办。会议筹备小组和北京的一部分红学家对《辽东曹氏宗谱》进行研究和鉴定，认为是一件考证和研究曹雪芹家世和生平的珍贵文物。

《辽东曹氏宗谱》又名《五庆堂重修曹氏宗谱》。所谓“五庆堂”，是因“辽东三房”十五世曹清保有五个儿子，长子，惠庆，次子，溥庆，三子，荣庆，四子，积庆，五子裕庆，故取名“五庆堂”。这部曹氏宗谱正是由曹清保的后人重修的，时间约在清同治八年（1869）至十三年（1874）之间。《辽东曹氏宗谱》以曹良臣为始祖，评列曹良臣以下各房 360余人，并以曹良臣的三子曹俊（曹俊为二世，时间已对不上）为“入辽始祖”。一部家谱，两个始祖，能不让人产生疑问吗？不论从现存家谱的研究还是从文史方面考证的结论看，曹雪芹祖籍在辽阳都是一个“美丽”的故事。其实，“辽阳说”和“丰润说”存在的问题是一样的，没有找准入辽始祖是谁，世系上下衔接缺乏证据。对此，我们提出以下两个问题和大家共同探讨。

第一，入辽始祖是谁？

先说曹良臣。始祖曹良臣来自何方？曹士琦在《五庆堂曹氏宗谱》序言中记载：

> 元末，群雄并起，鼻祖良臣聚众自保。

此说不可靠，始祖来自何方没有记载。前文讲到曹端可在元大德年（1297--1307）间已封万户候，到元末将近60年的时

间，至少有三代儿孙在辽阳承袭家业。显而易见，曹氏入辽的真正始祖应该是曹端可。难么，曹良臣又是什么时代的人呢？进贤《曹谱》对曹良臣记载的非常明确：

曹象彩	字良臣，行右二。由吏员考授正八品将仕郎。 生于顺治己亥年十月二十四日午时。
	殁于康熙戊子年正月初三日寅时。 葬祖山，娶梅氏。 生子二：嗣熣，嗣熯。

可见，曹良臣为清初朝庭命官。至同治年间《五庆堂曹氏宗谱》重修时，与曹良臣出生之年相距150余年，这在时间上是存在问题的。

进贤《曹氏族谱·人物志》对曹良臣的官职亦有记载，但在何方不详。此人是进贤曹氏迁安徽一支曹氏后裔，根据“辽阳说”认为曹良臣是安徽安丰（今安徽寿州）人氏，这是不对的，实为进贤曹氏后裔。

再看曹俊其人。进贤《曹谱》没有记载曹俊的生卒年，根据世系前后长幼排列推测，约生于明万历年间，距《五庆堂曹氏宗谱》重修时间约230年。而《五庆堂曹氏宗谱》却把生于明万历年间的曹俊，当成是生活于清顺治、康熙年间的曹良臣之子，将二人派作元代的入辽始祖。这与武阳《曹谱》的编修情况类似。下面摘录“辽阳说”引用的《五庆堂

曹氏宗谱》一段资料，说明始祖曹俊的历史情况。

俊，良臣三子，世袭指挥使，封怀远将军，守御金州，后调沈阳，即入辽之始祖。

——《五庆堂重修辽东曹氏宗谱》

“辽阳说”以曹俊为入辽始祖。但他是曹端礼二十八世孙。他父子三代在进贤《曹谱》中都有记载。如下：

第二十七世	曹旺，字伯荣，行（献）十①，生成化甲辰年（公元1484年）十二月廿五日辰时，殁于嘉靖壬子年（公元1552年）十二月十一日戌时，葬山江口。 生子一：俊
第二十八世	曹俊 生子二：近堂、除堂。

虽然对曹俊本人的记载有点语焉不详，但其父是明成化、嘉庆年间人，而作清顺治年间的曹良臣，则是清楚的。在进贤《曹谱》中对其二子近堂、除堂之名记录与铁岭《曹谱》所称“入辽始祖”曹俊及二子名相同，似可间接证明进贤曹俊与铁岭曹俊为同一人。铁岭《曹谱》所记“入辽始祖”曹俊在年代上则有待查考。

查进贤《曹谱》，曹端可是元代在东北唯一的一个曹姓朝庭命官，并封万户侯。进贤《曹谱》的记载应该是清楚。

第二，关于曹寅与曹雪芹的关系

“辽阳说”对曹振彦，曹寅等人物作了很多考证文章，认为曹振彦是曹雪芹的高祖，曹頫是曹雪芹的父亲，很顺当地将这一支曹氏宗格世系排列为：**曹玺—曹寅—曹頫—曹雪芹**。这是考证《五庆堂重修曹氏宗谱》得出的结论。此谱记录曹俊后裔的材料是较进贤《曹谱》更详尽，现抄录如下：

第九世	曹锡远，从龙入关，归内务府正白旗； 子贵，诰封中宪大夫； 孙贵，晋赠光禄大夫。 生子振彦。
第十世	振彦，锡远子，浙江盐法道,诰授中议大夫； 子贵，晋赠光禄大夫。 生二子：长玺，次尔正（一谱作鼎）。
第十一世	玺，振彦长子，康熙二年任江南织造，晋工部尚书，诰授光禄大夫，崇祀江南名宦祠。 生二子：长寅，次荃。 尔正（另谱名鼎 ），振彦二子，原任佐领，诰授武义都尉，生子宜。
第十二世	寅，玺长子，字子清，一字楝亭，康熙三十一年督理江宁织造，四十三年巡视两淮盐

	政，累官通政使司通政使，诰授通奉大夫。著有《楝亭藏书十二种》……

整理出曹寅直系亲属的这一段材料很有价值，是对进贤《曹谱》最好的补充，对研究曹雪芹家族文化具有重要的意义。尽管我们对曹氏祖上的事情查得很清楚，但要据此认定曹雪芹的祖籍在辽阳证据尚嫌不足。目前我们都没有找到谁是曹雪芹父亲的档案，学者们对此作了诸多考证和假设，都有猜测成分。如：

朱南铣在《关于<辽东曹氏宗谱>》一文中，他对谱牒作了纵向深入的考证后，不论是考证曹家三房或四房，都没有得出任何人与曹雪芹有直接关联的信息。朱南铣在全文结束语部分，仅有这样模糊的一段表述文字，免强与曹雪芹的名字有关：

> 曹雪芹系十四世，上溯至九世曹锡远，均与丰润无涉。

曹雪芹是在曹氏十三世谁的名下？没有交代。在没有任何史料为证时下此结论，就如同小孩说梦语。其实在朱南铣心里应该是有自知自明的，曹雪芹为曹寅之孙大家都是知道的。但是，在如此主观的假设中，要定曹雪芹祖籍与丰润无涉，我们可以反推，也与“辽阳无涉”（辽阳为曹氏祖先迁徙地无疑）。据此，我们对曹雪芹祖籍“丰润说”和“铁岭说”

附：李奉佐编制的曹端广铁岭世系表

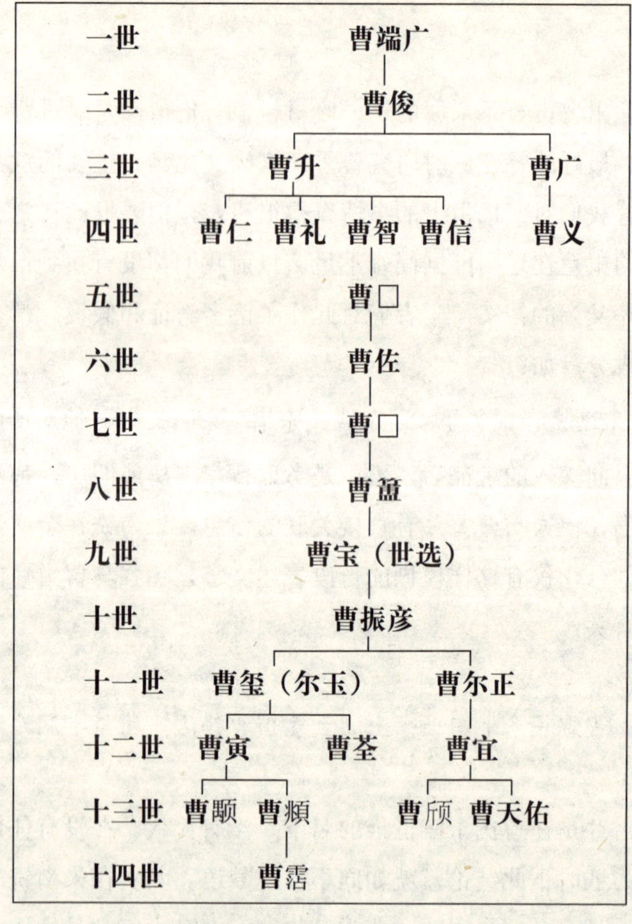

此表关于曹俊支系的链接自有合理之处。进贤《曹谱》对曹俊支系失载，这是一份补充资料。但是，关于曹寅子孙的资料就显得非常勉强，结论是难以成立的。

均可表示否定。

综观各家学说，烽烟叠起，争辩不止，考证著述可谓汗牛充栋，蔚为大观。这些考证虽傍征博引，力图自圆其说，但就是找不到与曹雪芹有关的任何信息，读后都有断章取义之嫌。尤其是在曹寅的祖籍问题上，其祖上来自何方？与曹雪芹祖孙关系如何衔接，这些问题都是以假设作最后结论，难于令人信服。

我们以今天的观念来分析，谁会把爷爷居住的地方叫祖籍地呢？就是80年代后出生的台湾汉族青年（指随国民党自大陆迁徙台湾者），他们会把台南或台北少数民族居住地的家作为祖籍地吗？不会的，他们会说我的老家在东北，他们还会告诉下一代，他们的老家在山西或江南。尽管曹寅著书自题“千山曹寅”，这只能说明我（曹寅）在千山出生，我的爷爷在千山，千山是我的故乡，而不是标示我的祖籍。按现在户籍制度填表，只能说明曹寅的籍贯在千山，而非祖籍在千山。

查阅进贤《曹谱》发现，曹寅任“江宁制造署”时，可能回过“南方老家”祖籍地进贤山东曹村认祖，并聘用老家同族有文化的兄弟协理“江宁制造署”事务。学术界会认为此说证据不足，许多读者会认为这是天方夜谭，要解开这个迷，唯有找到谱牒等文献资料，现在，我们可以翻开进贤民国三十五年版《曹氏族谱》，细说300年前的曹家旧事。

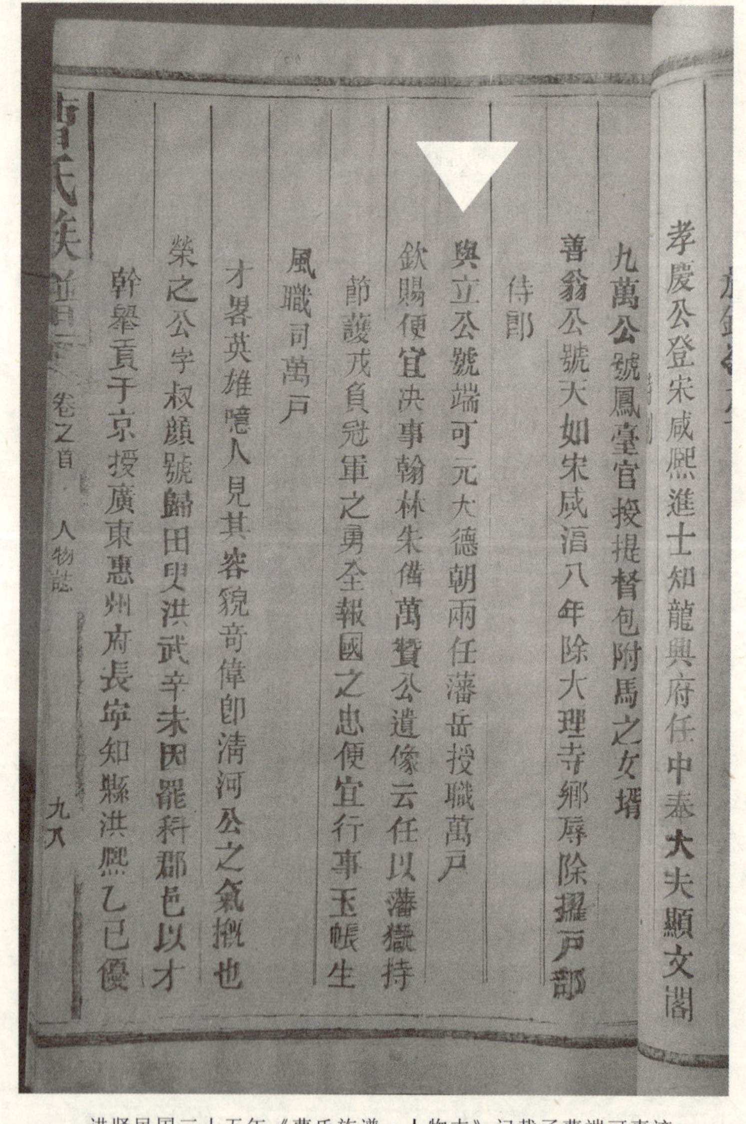

孝慶公登宋咸熙進士知龍興府任中奉大夫顯文閣

九萬公號鳳臺官授提督包附馬之女壻
善翁公號大如宋咸淳八年除大理寺鄉辱除擢戶部
侍郎
與立公號端可元大德朝兩任藩岳授職萬戶
欽賜便宜決事翰林朱備萬贊公遺像云任以藩獄持
節護戎負冠軍之勇全報國之忠便宜行事玉帳生
風職司萬戶
才畧英雄噫人見其容貌奇偉卽清河公之氣槪也
榮之公字叔顏號歸田叟洪武辛未因罷科郡邑以才
幹舉貢于京授廣東惠州府長寧知縣洪熙乙巳優

曹氏族譜 卷之首 人物誌 九八

进贤民国三十五年《曹氏族谱·人物志》记载了曹端可事迹。

此图为辽阳市政府制作的曹雪芹像，内容如下：

中国古典文学大师曹雪芹，祖籍辽阳。其高祖曹振彦在辽阳做官，曾参与修建喇嘛塔，有碑为记。

（辽阳市）市长龚尚武　（朱印）尚武

这是日前唯一由官方发布的曹雪芹像。我认为此像是对照清末民初东北人的照片画的，与曹雪芹无关。理由是：第一，大家公认曹寅的始祖是从南方迁徙而来，此图不具备南方人的基本特征；第二，与史料记载的曹雪芹形象不符。这两年，我参加了曹氏家族的各类活动，见过湖南、湖北、福建、河南、山东及江西各省的曹氏后裔，也看过一些迁往东的北曹氏后裔的照片，觉得与此曹雪芹像有些差异。

第六节　曹雪芹祖籍在进贤

红学家们一直将曹雪芹与曹寅家族进行考查，在“查无此人”后没有跳出已成定式的“曹雪芹为曹寅孙”这个狭义的家族概念之外去查找，难道同宗兄弟或其它形式的义亲就不能称谓祖孙吗？难道一定要“龙生龙，凤生凤”，只有曹寅的儿子或孙子才能写成《红楼梦》吗？我曾在《钟陵建置考》文中回答《钟陵考》一文作者，“查无此人不等于没有此人”，存世文献中没有找到的人和事更是不计其数，曹雪芹祖籍长期考证不清楚的问题与此相同。这也是曹雪芹祖籍之争、曹雪芹生卒年考长期不能形成一致意见的主要原因。

关于曹雪芹祖籍的争论已有近一百年了，不论从史学或文学角度看，虽经几代人的努力探索，红学界都没有真正找到曹雪芹祖籍地，就是关于曹雪芹三代直系亲属的材料都没有找到，这是国际红学界的遗憾，也是中国红学家们在红学研究领域最困惑的事。由于没有找到《红楼梦》作者曹雪芹的祖籍，也就无法对曹雪芹家族文化作出正确的分析，从而对《红楼梦》作者的思想研究受到制约，更导致许多幻想和臆测的红学著作泛滥，使读者不辨其是。曹雪芹已经到“西方极乐世界”出差去了，他不可能回来告诉大家，我是谁的

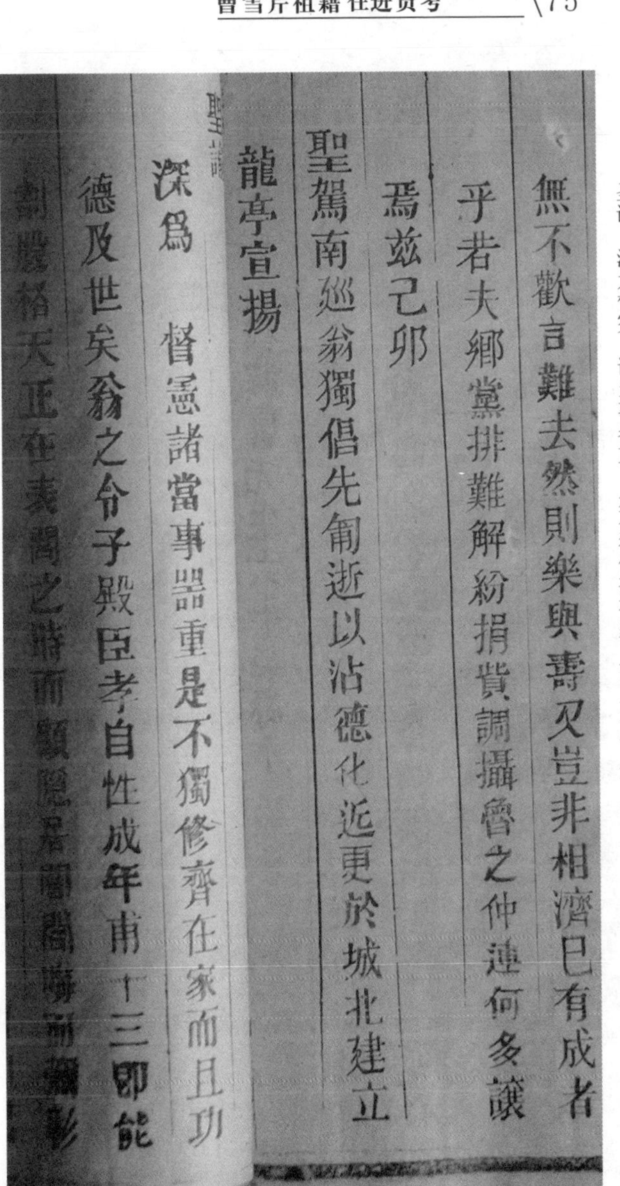

無不歡言難去然則樂與壽又豈非相濟已有成者
乎若夫鄉黨排難解紛捐貲調攝魯之仲連何多讓
焉兹己卯
聖駕南巡翁獨倡先匍逝以沾德化近更於城北建立
龍亭宣揚
聖諭
深爲　督憲諸當事器重是不獨修齊在家而且功
德及世矣翁之令子殿臣孝自性成年甫十三即能

进贤民国三十五年版《曹氏族谱·茂翁曹先生六十荣寿序》之局部。这篇序文记录了进贤曹茂生与曹寅四次接驾及家事，此文与史实可相互印证，是研究曹雪芹家族文化和红学最珍贵的史料。重要文字内容是：

兹己卯：

圣驾南巡，翁独倡先，匍逝以沾（霑）德化，近更于城北建立龙亭宣扬。

圣谕：深为督宪，诸当事器重，是不独修齐在家，而且功德及世矣！

儿子，我爷爷是谁，祖籍在哪儿。雍正朝复杂的社会环境就不允许他说出自己的真实身份，否则性命难保。今天，我们唯有查考谱牒等文献记载才能解开这个迷。

我们要从大文化层面去讨论曹雪芹的祖籍问题，但不能简单地将一个出生和成长在南方的清代文人武断地定为东北人，这对《红楼梦》研究和对时代背景的考察方面来说是与历史不符的，也有悖情理，长期局限于一条羊肠小道上摸索是找不到曹雪芹的祖籍地的。我们都知道，南京和北京都是曹雪芹的故乡，但是，曹雪芹的祖籍地只有一个——江西进贤山东曹村。曹雪芹的祖辈自唐代定居后就没有离开此地，

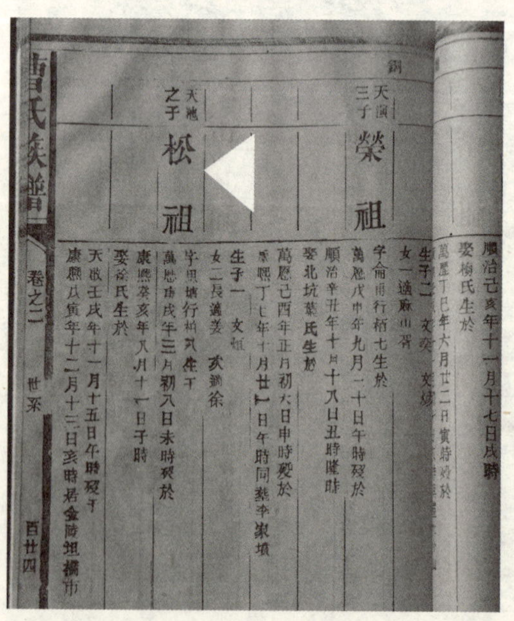

順治己亥年十一月十七日戌時
娶梅氏生於
萬曆丁巳年六月廿二日寅時歿於 [illegible]
生子二 文[illegible] 文[illegible]
女一適[illegible]

天演三子 榮祖
字[illegible]行[illegible]七生於
萬曆戊申年九月二十日午時歿於
順治辛丑年十月十八日丑時[illegible]
娶北坑葉氏生於
萬曆己酉年正月初六日申時歿於
康熙丁巳年十月廿一日午時同葬[illegible]
生子一 文[illegible]
女二長適姜 次適徐

天池之子 松祖
字[illegible]行[illegible]
萬曆庚戌年三月初八日未時歿於
康熙癸亥年八月十一日子時
娶[illegible]氏生於
天啟壬戌年十一月十五日午時歿于
康熙戊寅年十二月十三日亥時居金陵埋[illegible]市

曹氏族譜 卷之二 世系 百廿四

进贤民国三十五年版《曹氏族谱》记载曹茂生父亲曹松资料。

曹雪芹的爷爷和父亲在此地出生成长，只是工作期间短暂地搬到金陵居住，与曹寅一支共同构成清代史上著名的金陵曹家辉煌史，康熙御赐“江南望族”。对此，下文考述。

1、曹寅与曹茂生兄弟

红学界稽考曹雪芹祖籍时，都齐心协力对曹寅“穷追猛查”，上查至九代而断线，下查至三代而不能自圆其说。究其原因是上查至元代信息全无，因年代久远，北迁曹氏与江南祖籍地断了联系，因而不知始祖何人，来自何方。前文第四节《世系宗格》对此有概要叙述，此处略。

在“红学”与“曹学”里，对曹寅的名字大家是非常熟悉的，而曹茂生的名字对学术界和读者来说却是陌生的，在此，我们对两人先作一简要介绍：

曹　寅：	生于顺治十五年（戊戌，1658年）， 幼时有神童之美称。 殁于康熙五十一年（壬辰，1712年）。
曹文永：	字**茂生**，乡钦大宾①，居金陵②。 生于崇止（德）甲申年（1644）止月初二。 殁于康熙四十六年（丁亥，1707年）十月。 生子一：士彦。

①乡钦大宾不知何官职，或为绅士等尊称，待考。

②据进贤《曹谱》记载曹茂生爷爷曹天池商游金陵，非迁居金陵。

曹雪芹像　　宋忠元 作

这是目前很有影响的一幅作品，在许多《红楼梦》和曹雪芹有关的著作中都能看到这幅作品。清秀文雅，外表似洒脱而内心则憔悴的神态，符合今天人们心目中的曹雪芹形象。

曹寅的资料来自《五庆堂曹谱》，曹茂生的资料来自进贤《曹谱》。曹寅与曹茂生两人出生于一南一北，年龄相差14岁，他们为何能称兄弟呢？查进贤《曹谱》可知：曹寅为宋代曹应麟支系，曹茂生为曹应鸾支系。此处为了省去繁琐的考证文字，我们以曹寅写给丰润曹鈖、曹钊、曹鈖称兄道弟之唱诗信函为佐证，如曹寅称曹钊为大兄：

大兄（曹钊）有蘋婆书院①。

曹寅与丰润曹鈖三兄弟关系较密切，互以兄弟相称，根据进贤《曹谱·世系》排列曹茂生与曹钊等为平辈兄弟，与曹寅亦为兄弟。他们之间的兄弟关系为同宗兄弟，虽南北分居，但血脉相连，非朋友之间称兄道弟。对他们兄弟关系红学界有多种解释，认为是文人礼节性称兄道弟，这是不对的，其实他们是同一个远祖。

曹玺、曹寅家族入关以后，生活在京城，他到南京后缘何知道进贤老家曹氏宗亲呢？我们认为此事与丰润曹鼎望、曹首望、曹民望② 三兄弟有关，这仨兄弟的名字在进贤《曹谱·人物志》中均有记载，说明他们曾回过进贤祭祖。曹鼎

---

①据《唐山文物》中国文联出版社，2007年9月版。

②据进贤《曹谱》记载：曹鼎望：号含五。登顺治己亥（1659年）科会魁，授翰林院庶吉士，转迁刑部郎中。曹首望：号统天。清顺治授中书迁户部主政，奉差任（今安徽）芜湖抽分主事。曹民望略。

望在翰林院任职，曹首望在江南芜抚任职，兄弟俩均有机会结识曹玺，与曹寅父子相互之间必有往来，并告知曹玺祖籍地在进贤的情况。我们推测，曹玺死后，曹寅在继任江宁制造任时，认祖归宗的心情是急切的，凭曹寅广博的学识，他会敏感的意识到同宗兄弟对他在江南开展工作的重要性。

康熙一生有六次南巡，据进贤《曹谱》记载，曹茂生应参与了四次接驾。我们根据史料推论，曹寅在康熙第三次南巡前可能回过进贤老家祭祖，时间应当在康熙三十八年（己卯，1699年）之前或更早。

曹寅三百年后回到祖籍地认祖，可谓情深意长，这是曹氏家族之幸事，游子所期盼的认祖心愿得以实现。因江宁织造署工作需要助手，也是广纳贤才之举措，应曹寅之邀，曹松、曹茂生及儿子曹士彦一家三代举家居南京靶桥市，协理曹寅“江宁织造署”事务。从此，曹茂生一家的命运系在曹寅这条漂泊的小船上。

曹茂生一家在进贤《曹谱》上是有史可查的，是否还有未被记录的族人也到江宁织造署从事杂役等，这已不是今天我们简单一句话可定论的事了。因为，据进贤曹氏族人讲，上世纪中期“江南旺族”的匾额大家都亲眼所见，“文革”时期是谁砸的都言出有据，这说明当时金陵曹家还有许多未知的情况有待我们去悉心查考。2009 年5月23日，南昌电视台《解密南昌》节目在报道新建县鲁江曹村情况时，曹氏族人提出看见过康熙“江南旺族”题字。口头传述亦是历史文

献，当引起我们的重视，尤其是对曹雪芹家族文化研究的学者们要多加关注。因为，中国有史以来，曹氏作为江南的名门旺族的记载（或民间言传）仅此一家，这不是一个平常的称谓，它承载着一段清代民族工商业兴旺发展史（曹操、曹彬家族是长江北岸的事，与进贤曹端礼家族无涉，我们在此不论）。

清三百年是进贤曹氏大分裂时期，县域之内曹氏另立族谱，武阳曹氏已完成了修改家谱另找祖宗的全部工作，与进贤城相距仅80里路程之余干县瑞洪曹氏宗亲断绝来往……在此就不一一细说。在这种不利于团结的大环境下，曹寅虽然回老家认祖，但不会在进贤族谱中留下任何文字资料的，甚至有另一种情况，曹寅在没有照顾到某个族人利益时而遭排斥的可能。我们推想，如果没有曹寅顾念宗族之情，又何来进贤曹家的“江南旺族”之美誉，也没有曹茂生一门的兴旺发达（虽然是短暂的荣华富贵岁月），更没有影响至深至远的《红楼梦》作品诞生。

解开曹寅与曹茂生的血缘关系，就是拿到了金陵曹家的“户口本”，当然，要查清楚这些档案还是有难度的。本文因篇幅所限，金陵曹家的情况，曹寅与曹茂生是第几代同宗兄弟等详细考证将另文描述。

2、四次接驾与曹茂生六十大寿记

进贤《曹谱》中录有一篇《茂翁曹先生六十荣寿序》，

序文有这样一段光宗耀祖的语言：

兹己卯：

圣驾南巡，翁独倡先，匍逝以沾德化。近更于城北建立龙亭宣扬。

己卯年即康熙三十八年，是康熙第三次南巡之年。前文提到，此时曹寅可能回过进贤老家祭祖之说就是根据这个时间确定的。进贤《曹氏族谱·茂翁曹先生六十荣寿序》所记载的这段史实正间接地反映了进贤曹茂生与曹寅在金陵共同奋斗的历史。

这篇序文写得非常好，执笔者王辂对曹茂生家的情况非常熟悉，从落款和行文上可以看出两家交情深厚，可能是曹茂生父亲曹松的亲戚或朋友写的，行文中有长辈对晚辈厚爱与赞赏之情，读之倍感亲切。落款为：

皇清康熙壬午嘉平二日

赐进士第文林侍郎知陕西凤翔府汧阳县知事

通家眷弟王辂拜撰 同

钦命一品食一品俸九十三岁老人

眷友生丁吉泰撰具

这篇序文记载曹茂生参与接驾的资料是其他《曹谱》没

有的，对研究曹雪芹家族史具有重要的意义。下面对王铬记载曹茂生参与接驾的这段文字所提供的信息作详细解读。

圣驾南巡

康熙一生有六次南巡，具体时间为：

第一次：康熙二十三年（甲子，1684年）。

是年曹玺病故，康熙亲至玺署，抚慰诸孤，遣内大臣尊奠，并御书："是朕荩臣，能为朕惠此一方人者也。"这是康熙对曹玺工作的高度肯定。是年曹玺一职由江苏巡抚余国柱兼理。

据康熙二十三年（甲子，1684年）刊《江宁府志》卷十七《曹玺传》记载：

> 康熙二年（癸卯，1663年），（曹玺）特简督理江宁织造。……甲子（康熙二十三年，1684年）六月，又督运，濒行，以积劳成疾，卒于署寝。

第二次：康熙二十八年（己巳，1689年）。

曹玺病故后。江宁织造一职由内务府郎中马桑出任。

第三次：即序文所称之己卯年，康熙三十八年（己卯，1699年）。

是年，曹寅在江宁织造兼盐政任。曹茂生应曹寅之邀，举家迁居南京，参与四次接驾当从是年开始。金陵曹家也开

始走向兴旺发达之路。

曹玺在督理江宁织造的21年时间里，是否回到过进贤认祖，现无史料可查。根据王辂序记载，曹茂生与康熙“圣驾南巡”之说，所指是康熙第三次南巡。从现有资料看，康熙第二次南巡曹茂生是不可能有机会参与的。

第四次：康熙四十二年（癸未，1703年）。查看史料，康熙此次南巡没有留下有影响的历史事件。但是，根据江西民间一些口头传说分析，康熙此次有微服私访江西的可能，可能也到了江西曹家并御赐“江南旺族”。王辂序中明确记载曹茂生“近更于城北建立龙亭宣扬”，亦是这种推断的一种佐证。

插叙：

在宋代王安石执政时期，临川文化即进入了繁荣昌盛时代，横贯临川的抚河江面呈现千帆竞渡的商贾景象。离进贤最近的商业码头是抚河岸边的临川李家渡（今属进贤）。当年康熙一行溯江而上入抚河，沿岸察访，至李家渡登岸，经进贤城至曹家村。途中必经的一个小山村，（现在仍是几户人家）即名为御驾垅，此地名来已无从考证，但在近五百年的历史上，进贤区域只有此时康熙大帝南巡私访可能从此路过，并留下此村名。在进贤县城至今仍保留圣驾殿路。

在金陵曹家被抄没后，乾隆下江南是不可能路过此偏僻小山村的。综合这些史料及当地民间传说分析，御驾垅的地名和县城圣驾殿路名正可佐证康熙曾随曹寅、曹茂生私访曹生私访进贤曹家村这一史实。

第五次：康熙四十四年（乙酉，1705年）

据《圣祖五幸江南全录》记载：

四月二十二日："至午刻由西华门进织造府行宫驻跸，有随驾大臣官员及东南督抚提镇学院，江西抚院将军、都统，满汉文武大小各官启朝请安……

文中提到江西官员到南京接驾之事，除正常公务外，是否有其它原委，看来也是有迹可寻。据江西地方野史之说，后来告发曹頫从金陵转移财产到进贤曹家村的人，就有此次到南京参与接驾的江西重要官员，如为"节孝坊"题额者之一塞楞额等。

据清史档案记载，曹寅前两次接驾已亏空库银无数。此次接驾的巨额经费又从何而来呢？江西抚院将军、都统（还有未被记载在案大小官员）到场，必带巨额贡银，支援曹寅接驾。清代官场的游戏规则我们不谈，只从另一个角度去分析：江西官员到场，这是否为曹茂生的私交关系？因有上次康熙南巡时私访进贤曹家之事，才能有此次江西军界政界要员晋见及随驾的机会。

这应是曹茂生为曹寅筹措巨额经费以作接驾支持的一种

间接的佐证（这事清史虽然不载，但我们对此进行一些合理的分析是极有可能的）。康熙此次南巡非常高兴并赏赐曹寅。史料记载如下：

闰四月初七日：“皇上自扬州行宫上船回銮，行至宝应五里庵驻跸。皇上因江、苏织造预备行宫勤劳诚敬，江宁织造府曹(寅)加授通政使司，苏州织造府李（熙）① 加授禄寺卿。二位谢恩先回。”

曹寅因接驾有功得到加级。但巨大的债务给整个金陵曹家种下了苦果，包括曹茂生一家人，以至雍正五年抄家后老翁无家可归，年轻的入市变卖，悲惨至极。

第六次：康熙四十六年（丁亥，1707年）

康熙大帝六次南巡时，曹寅在江宁织造兼盐政并衔通政使任。曹寅兼任官职虽多，但并没有给他的经营带来多少经济收入。

康熙第六次南巡，也是金陵曹家最后一次接驾，此时全家负债累累。由于没有宏大豪华的接驾场面，喜欢作诗的皇帝老儿诗兴湮灭。此次康熙南巡没有给江南的经济发展带来好的政策，也没有给金陵曹家带来什么益处，相反，不如前几次廉洁。金陵曹家面对前债未还新债又增的压力，在送走

①李熙，曹寅内兄，时任苏州制造府，曹寅同接驾。

康熙一行后，年迈的曹茂生心力交瘁，卧床不起，于是年十月驾鹤西去，享年63岁。清初红顶巨子，一代商界枭雄曹茂生的灵魂，带着遗憾和炫目的光环湮没在秦淮河两岸之灯火阑珊处。

曹茂生的死预示着金陵曹家将“树倒猢狲散”，也标志着江西曹家“江南旺族”即将失去炫耀于世的光环，特别是与曹茂生有关的债务将给儿孙留下无穷后患，乃至金陵曹家灭顶之灾。

曹茂生的死，曹寅是痛心的，不仅是失去了老兄弟，更是失去了金陵曹家庞大家产的经营主管。此事不表，我们回归主题。

翁独倡先

“翁（指曹茂生）独倡先”是对曹茂生业绩的总结和肯定。从历史的角度看，如果没有陕西凤翔府汧阳县知事王辂的序文，进贤曹茂生为金陵曹家创造的丰功伟绩将永远湮灭在历史长河里，无人知晓，也无法让后人了解到“甯逝以沾德化”对社会的教化效应（当然这是有其历史局限的）。

近更于城北建立龙亭宣扬

由于第五次接驾让皇帝老儿高兴，曹寅加官受赏，为金陵曹家添加了炫目的光环。曹茂生是否得到康熙的赏赐，已

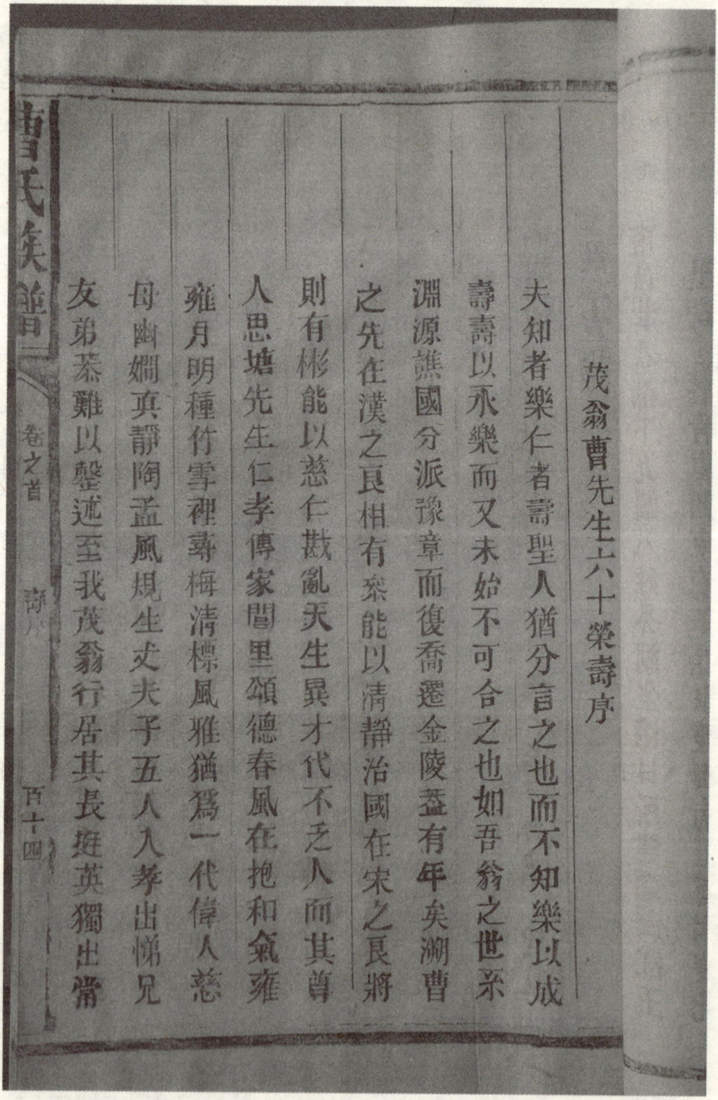

曹氏族譜　卷之首　壽序　百十四

茂翁曹先生六十榮壽序

夫知者樂仁者壽聖人猶分言之也而不知樂以成壽壽以永樂而又未始不可合之也如吾翁之世系淵源譙國分派豫章而復喬遷金陵蓋有年矣溯曹之先在漢之良相有叅能以清靜治國在宋之良將則有彬能以慈仁戢亂天生異才代不乏人而其尊人思塘先生仁孝傳家閭里頌德春風在抱和氣雍雍月明種竹雪裡尋梅清標風雅猶爲一代偉人慈母幽嫻貞靜陶孟風規生丈夫子五人入孝出悌兄友弟恭難以縷述至我茂翁行居其長挺英獨出常

进贤民国三十五年版《曹氏族谱·茂翁曹先生六十荣寿序》

不得而知了，但他引以为荣。为宣扬这光宗耀祖的事，他在金陵城北燕子矶修建龙亭纪念。龙亭面北而立，诚表“格于皇天”之意，以尽奴才对主子的不尽感恩。

今天南京燕子矶公园的乾隆御碑亭是否与当年曹茂生修建的康熙“龙亭”有关，恐难于考证，在此不表。

3、曹雪芹生父曹士彦考述

（按：由于目前没有找到直接证据，以下考述是介于推测与猜想之间。）

曹寅是曹雪芹的爷爷，这是目前大家一致认可的，有清人的记录为凭。主要是依据曹雪芹的好友敦敏《寄怀曹雪芹霑》诗注解而知晓的。但是，清人记载失之详实，给后人留下了一个似是而非的迷团。根据目前学者们的研究材料和作者查考到的材料分析，关于曹寅与曹雪芹的祖孙关系我们可以排列出如下三组方程式：

嫡孙关系：**曹寅—曹颙—曹雪芹**

嗣孙关系：**曹寅—曹頫—曹雪芹**

关于曹寅与曹雪芹的祖孙关系在当今红学界似成定论。但是，据作者对进贤《曹氏族谱》及曹氏家族口传信使的综

合分析，曹寅与曹雪芹的祖孙关系似乎是另一种同宗亲情，爷俩的关系是

同宗祖孙关系：**曹寅—曹士彦—曹雪芹**

第一组：曹頫是曹寅的亲生儿子，这是红学界普遍认可的曹家档案。而曹雪芹是否即曹家档案中所称曹顒之妻马氏的“遗腹子”，学者们则颇有分歧的意见。

第二组：曹寅的嗣子曹頫，这是曹寅死后由康熙亲自指派的。许多学者在研究中认为曹雪芹是曹頫之子，但证据不足。曹頫之子是曹天佑的资料似更可信些。

红学界关于这两组情况的考证资料非常多，各种说法新奇多样，但都没有拿出有力的证据，猜测和臆想多于实证，至今没有取得一致的意见，也无法确定曹雪芹是谁的儿子。为节省篇幅，有关考证文献在此不再引述，读者可参考红学家们的著作。

第三种情况：曹寅—曹士彦—曹雪芹为同宗祖孙关系是下文重要的考述内容。

这一组内容是依据进贤《曹谱》而提出的，也是考证曹雪芹祖籍在进贤的关键材料。

根据进贤《曹谱》之世系及《茂翁曹先生六十荣寿序》文，加上北迁曹氏已知的情况，我们提出：**“曹茂生与曹寅为同宗平辈兄弟，在金陵曹家，曹寅是曹雪芹的二爷”**。

康熙四十六年底，曹茂生去世，（前文已述）第二年曹雪芹出生（见后文“贺曹寅得孙”诗题考），我以为曹雪芹称曹寅为爷爷，其祖孙关系应该是家族亲情的一种表达。下面将引用三个方面的材料来印证曹寅这种基于宗族亲情的祖孙关系。

曹寅友人张云章①贺“曹寅得孙”诗如下：

闻曹荔轩银台得孙却寄兼送入都

天上惊传降石麟，（时令子在京师以充闾信至）
先生谒帝戒慈辰。
假装继相萧为侣，取印提戈彬作伦。
书带小同开叶细，凤毛灵运出池新。
归时汤饼应抬我，祖砚传看入座宾。

据学者们考证，此诗作于康熙五十年（辛卯，1711年）十一月底。是时，张云章应曹寅之邀赴扬州两淮巡盐监察御史公署面晤。当日，从北京传来喜讯，报知曹寅得孙。我们可以

---

①张云章（1684—1726），字汉瞻，号朴村。江苏嘉定人。早年曾入国子监，为太学生。康熙二十二年（甲子，1684年）在京师事王士祯，但未考取功名，终生以布衣坐馆，游幕于达官贵人之门。约于康熙四十四年（乙酉，1705年）应召入苏州织造李煦幕府。李煦为曹寅内兄，因而张云章有意接近曹寅。经李煦安排，康熙五十年（辛卯，1711年）底张云章与曹寅相识结交并作此诗。存世著作有《朴村诗集》、《朴村文集》等。

想象，此时曹寅充满喜悦之情，张云章分享此天伦之乐。文人雅兴，赋诗祝贺，不经意间，张云章为中国“曹学”研究留下了珍贵的史料。

诗作者张云章（1648—1726年）经李煦安排，于康熙五十年（辛卯，1711年）与曹寅初识并作此诗。他对曹寅家事知道得不会太多，这是正常的，此其一。其二，古人对友人（尤其是曹寅这种特殊身份）的侄子或义子都尊称“令子”，因而诗句注解“令子在京师”。

“令子在京师”句使红学界费解，有关考述文章很多，意见不一。但是，此处之“令子”肯定不是指曹颙，因此时曹颙年龄尚小，此时不可能在京师。因曹寅身体欠佳，把曹颙带在身边照顾自己。证据如下：

康熙五十一年（壬辰，1712年）七月十八日李煦《奏曹寅病重代请赐药摺》云：

臣李煦跪奏：江宁织造臣曹寅于六月十六日自江宁来至扬州书局料理刻工，于七月初一日感受风寒，卧病数日，转而成疟，虽服药料理，日渐虚弱。臣在仪真视制，闻其染病，臣随于十五日亲至扬州看视。曹寅向臣言：我病时来时去，医生用药不能成效，必得主子圣药救我。但我儿子年小，今若打发他求主子去，目下我身边又无看视之人。求你替我启奏，如同我自己一样。若得赐药，则尚可起死回生，实蒙天恩再造等语。臣今在扬州看其调理，但病势甚重，臣不敢不据实奏闻，伏乞睿鉴。

张云章于康熙五十年（辛卯，1711年）十一月底贺诗与李煦康熙五十一年七月十八日《奏曹寅病重代请赐药摺》前后仅差八个月时间，曹颙不可能此时上“京师”，且年龄尚小，不可能传此天大的喜报。

我们排除“令子”是曹颙，也可以肯定不是曹頫。但此人是谁呢？不是至亲之人又何以传此喜报呢？从现有资料中看，只有曹茂生的儿子曹士彦会及时报喜，因为这是曹茂生的第一个孙子，曹寅必然为之高兴，把喜报告知张云章是自然的。

为了支持这一说法成立，我们在进贤《曹氏族谱》中查到曹士彦的资料。在康熙年间，曹士彦已是名重江南的大孝子，对他的孝行上元县知县撰诗、江宁府知府送匾赞扬。我们对他作一简要介绍，以此解开曹雪芹生父之谜。

进贤《曹谱》记载曹茂生儿子曹士彦的资料如下：

曹士彦	字莫臣。 生于康熙庚戌年四月二十五日丑时； 娶张氏，生于康熙癸亥年九月初四日。 居金陵。殁葬未详。

特别提示：曹士彦在金陵改为曹彦（可能是避金陵口音

曹氏族譜

文水之子 士彥祖

康熙辛亥年十月初四日卯時歿于
雍正庚戌年三月十四日辰時葬曹婆埇
生子四 嗣玖 嗣瑛 嗣璐 嗣[illegible]原名家儒
女一適窑上吳

文炯長子 士翰祖

字奠臣行九生於
康熙庚戌年四月廿五日丑時
娶張氏生於
康熙癸亥年九月初四日午時居金陵歿葬未詳
字亦萬行和二生於
康熙庚戌年七月十六日巳時歿於
乾隆庚午年十月初九日酉時
娶彭氏生於
康熙癸亥年七月十三日戌時歿於
乾隆癸未年六月初六日巳時葬曹婆埇
生子二 嗣玩 嗣玘
女二長適直嶺葉 次適洲上王
康熙壬子年八月十三日酉時歿于
康熙辛巳年十月十五日亥時葬社令山

进贤民国三十五年版《曹氏族谱》记载曹士彦资料。

之谐音“死”）。以下标示曹士彦与曹彦同为一人。

曹士彦出生时间为康熙九年，即公元1670年。曹士彦父亲曹茂生是公元1644年出生，可知曹茂生26岁得子。

因家谱只记载儿子不记载女儿，我们无从知晓曹茂生女儿的名字，但从《茂翁曹先生六十荣寿序》文中，我们可知曹茂生还有一个非常有文采又孝顺的女儿，名曹格天。我认为，曹格天就是红学家们苦苦寻找的脂砚斋，从《脂砚斋重评石头记》之评语中，我们可知她与曹雪芹的亲情。在此暂不作介绍。

关于曹士彦孝行，进贤《曹氏族谱·孝行》是这样记载的：

士彦，字殿臣，居金陵鞑桥市，年甫十三，母病两月，神药无灵，郎割股救亲母得病痊。

是时，乡里共叹。

上元县知县撰诗载志。

江宁府知府送匾。

弱龄勇孝，并异孝格天。

曹士彦的孝行感动乡里，上元县知县为之赋诗赞扬，并将他的孝行载入地方史志，可知当时影响之大，用通俗的话说就是感动了老百姓，也感动了县太爷，政府把曹士彦的孝行作

《康熙南巡图》局部

此图绢本，重彩设色，共12卷，1691年绘，经王翚、杨晋等众多画家的努力，历时三年才告完成。

《南巡图》全图绘康熙帝自离开京师到沿途所经过的山川城池、名胜古迹、风土人情及农业、商业的繁荣景象等。

该画主要作者是清初六大画家之王翚（1632—1717），字石谷，号耕烟散人；《南巡图》告成，龙颜大悦，康熙重赏并赐“山水清晖”四字，后称“清晖老人”。

该画原藏清宫，后散佚，今第1、9、10、11、12卷藏故宫博物院，余者藏于美国、法国及加拿大等国的博物馆或私人手中。

康熙命《南巡图》监画是都察院左副都御史宋俊业。“《南巡图》监画曹荃”一说，应是临摹工作。时间在第五次南巡时曹寅受康熙赏赐后的事。

为孝敬父母的榜样。

为便于分析问题，穿插一小段曹颙曹頫与曹顺相关的情况介绍，以便说明他们与曹士彦之间为同宗兄弟关系。

康熙五十一年（壬辰，1712年）七月二十三日辰时，曹寅病逝于扬州天宁寺书局，即李煦写《代请赐药折》的第五天，这说明曹颙此时年龄还小，尚不具备代父拟写向皇上求圣药之奏折的能力。

曹寅死后，让债主们心急如焚，纷纷奏请皇上，以连生（曹颙）代父继任，可以达到父债子还的目的。如江西巡抚郎延极等。为何巡抚郎老爷如此着急，此人与曹家可能公债私债都有，因为曹茂生、曹寅兄弟都死了，怕找不到债主。当曹颙继父任之后，仅两年时间就病死京都，即康熙五十四年（乙末，1715年）正月病逝于北京。曹颙死时无子，这是大家都知道的事实；马氏遗腹子，经红学家们考证与曹雪芹无关，至此，曹雪芹为曹寅嫡孙一说不能成立。

康熙五十四年三月六日，曹頫为曹寅妻嗣子，继任江宁制造，但后来没有任何材料显示曹頫与曹雪芹有父子关系。红学家们考证曹雪芹为曹頫之子“嗣子说”不能自圆其说。

嫡孙关系和嗣孙关系之说，长期以来各执一词。在此思维圈中，大家已探讨了近一个世纪了，虽然作了很多研究工作，但都没有解决关键的信息链，没有得出合理的结论。那么，史料上留下的“曹寅之孙”一说该作何解释呢？

据康熙二十九年（庚午，1690年）四月初四《总管内务

府为曹顺等人捐纳监生事《致户部咨文》①（以下简称《致户部咨文》）载：

三格左领下苏州织造·郎中曹寅之子曹顺，情愿捐纳监生，十三岁；

三格左领下苏州织造·郎中曹寅之子曹彦，情愿捐纳监生，三岁；

三格左领下南巡图监画曹荃，情愿捐纳监生，二十九岁；

三格左领下南巡图监画曹荃之子曹颙，情愿捐纳监生，二岁……

这份材料的原件是由笔帖式用满文缮写的，现由中国第一历史档案馆张书才、高振田二位先生译成汉文。

我们首先肯定这份档案是真实的，并且时间较早，所传达的信息虽有错乱，但对研究金陵曹家的历史具有真实性和直接意义，尤其是这里记录的曹彦，是解决曹寅与曹雪芹祖孙关系的关键人物。

这份材料红学界觉得很特别，也很混乱。我认为这是缺乏对研究金陵曹家历史背景研究的原因。金陵曹家是以曹寅为中心组建的特殊时期的曹氏家族，是曹寅的父亲曹玺在江

①中国第一历史档案馆：《新发现的一件曹雪芹家世档案资料》。《红楼梦学刊》，1984年第一辑。

南经营20多年的基础上发展起来的，是东北曹氏与进贤曹氏的组合体。红学界因为对进贤曹氏宗亲情况不了解，所以对这份《致户部咨文》的解读造成障碍。

在这份材料中，提到三个曹寅的儿子，曹顺、曹彦和曹颙，前两个是侄子，一个是儿子，但三个人都写作儿子，所以，红学家们说此材料与“史实有误”，很乱，但没有指出错或乱在何处？我认为，主要原因在于不知道曹彦为何许人也。为了理清这些人物之间的关系，前文我们已介绍了曹彦的情况，下面对曹顺作一简要查考：

查有曹顺这人。在康熙四十八年（己丑，1709年）四月十三日《内务府奏曹寅办铜尚欠节银，应速完结，并请交接办折》①一份奏折中，我们知道了曹顺为曹寅弟曹荃之子。写给皇上的奏折应该是可靠的，不会有错 。据曹顺呈称：

我伯父曹寅自四十年五月起接办铜事，……我伯父曹寅在限满之前一定解送完结……。

“我伯父曹寅”之称谓是肯定的叔侄关系，不必查考。由侄儿代伯父呈词，说明江宁制造署经营繁忙，金陵曹家的兄弟们都在帮助曹寅经营江宁制造署各类商务，同时他们也是在经营庞大的金陵曹家。在金陵曹家的人员中，他们是曹氏联

---

①《关于江陵制造曹家档案史料》第68—69页。

宗兄弟的集合体，他们与曹寅的利益是共同利益，一切都是从金陵曹家的利益出发，但又效忠康熙帝国，积极维护康熙的名誉，是介于官商和民营之间的家族商业集团，因而康熙御赐“江南望族”。

我们查不到曹顺有任何官职，他和曹彦同是协助伯父曹寅料理制造署的各项事务，这份奏折说明曹顺与曹寅的亲近关系。我们查不到曹彦代伯父呈词的材料，这说明曹彦是远宗，曹顺是曹寅堂兄弟的儿子，是旗籍。

我们知道曹寅只有一个儿子，为何这里却记录他有两个儿子，该作何解释？据康熙四十八年二月初八日曹寅的《江宁制造曹寅为婿移居并报米价折》云：

臣有一子，今年即令上京当差，送女同往，则臣男女之事毕矣。

这说明曹寅在康熙四十八年时仅有一儿一女，女儿的事与本文无关，但这个儿子是有史可查的——即曹颙。诸多材料证实曹寅仅有一子。我们再看康熙五十一年曹颙给康熙的《奏曹寅故后情形折》，云：

又蒙皇恩怜念先臣，止生奴才一人。

是年，曹寅病逝于扬州书局时，儿子尚年幼。在曹寅病重时

《奏折》都是由亲戚李熙代拟的，这份《奏折》也可能是他人代拟的，但“止生奴才一人”绝不会是戏言，这是毫无疑问的。由此可知，挂在曹寅名下的曹顺和曹彦两个儿子都是兄弟的儿子，他们和曹頫一样都是曹寅的侄儿。只是在曹颙病故后，康熙帝才特命曹頫入嗣袭职。在康熙五十四年三月初七日曹頫《奏谢继任江宁制造折》云：

奴才于二月初九日奏辞南下。于二月二十八日抵江宁省署，省觐老母，传宣圣旨，全家老幼，无不感激涕零。……伏蒙万岁天高地厚洪恩，特命奴才承袭父兄职衔，管理江宁织造。

曹頫是曹荃四子，在曹颙病故后入嗣于寅妻，承继袭职，以养曹寅和曹颙之孀妇，这是大家都熟悉的情况。我们陈述以上材料，其目的是为了下文更好地解读这份《致户部咨文》的信息。

我们对其中几个人物已作了介绍,下面就《致户部咨文》提供的信息作一简要疏理，或者说，是用目前学者们没有解读清楚的《致户部咨文》中的几个人物及事件去反证已知史料中的信息，从而达到找到曹寅与曹雪芹为同宗祖孙关系的证据之目的，同时，帮助解决考证曹雪芹生卒年悬而未决的问题。

我们认为，这份《致户部咨文》所提供的信息有以下几个问题值得探讨：

第一，这份《致户部咨文》不是当事者曹寅当面口述的，而是由他人代办的。

推测：代办者是汉人，因不熟悉曹寅家的情况，传述有误。笔帖式（记录者）是满人，他用满文书写，两人无法校对。

第二，代办人仅知曹寅和曹荃兄弟的名字，但不清楚曹玺二十年间在金陵与进贤曹氏同宗建立的亲情关系，更不知道曹寅家的具体情况（即旗人与汉人的禁令）。因而对曹寅和曹荃之子表述不清，前后颠倒，更不知道曹士彦是曹寅联宗兄长曹茂生之子。

第三，这份材料有明显的漏记、错记情况。致使漏记、错记，并不为人所知。我们试还原捐监者的本意：

（三格左领下苏州织造郎中曹寅之子）曹彦，情愿捐纳监生，（二十）三岁。

根据现有的资料分析，在曹玺经营江宁制造时，曹茂生与曹寅同宗兄弟关系已很亲密，曹寅与曹彦为叔侄关系，因而有曹寅之子曹彦一说，曹彦为曹茂生的儿子曹士彦。此时，曹士彦已二十三虚岁，实际年龄二十一岁。

三格左领下南巡图监画曹荃之子曹颙，情愿捐纳监生，

二岁……

曹寅之子曹颙这是为各种资料所证实了的，曹荃之子曹颙应是明显的错误。这里曹彦、曹颙、曹顺是兄弟关系，曹寅与曹荃也是兄弟关系。

第四，此《南巡图》当指《康熙南巡图》。

康熙第二次南巡时间是康熙二十八年（己巳，1689年），《康熙南巡图》在三年后才绘制而成。动工绘制的时间是康熙三十年（辛未，1691年），完成的时间则是康熙三十二年（癸酉，1691年），全部工作都在北京完成，画作当留在宫中。主持《康熙南巡图》绘制工作的是都察院左副都御史宋骏业。这是有史可查的。

是年，《康熙南巡图》还没有开工，为何有曹寅之弟曹荃主持绘制《康熙南巡图》一说呢？可能有两种情况：

一是曹荃参与筹备组织工作。

二是，限于当时的印刷条件，曹寅组织画家准备复制一套《康熙南巡图》画作。我们在清代美史上没有发现与此相同题材的画作，因此，《南巡图》监画曹荃一说为筹备复制工作监画的可能性最大。其理由是：

曹寅为缅怀父辈伟绩，又为主子唱赞歌，经康熙同意，复制一套《康熙南巡图》挂于江宁织造署，这事是极有可能的。此项工作由堂弟曹荃在京负责组织实施。复制《康熙南巡图》这对金陵曹家来说是件光宗耀祖的大事，而此事交给

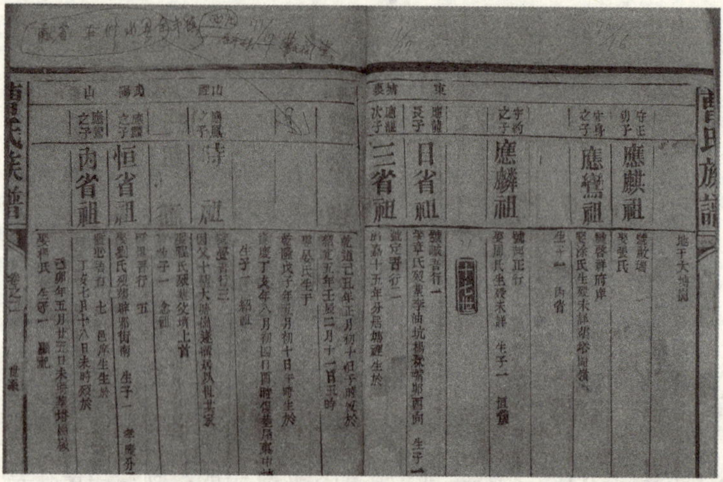
曹氏族譜
內省祖
恒省祖
三省祖
日省祖
應麟祖
應鸞祖
應麒祖

此为进贤民国三十五年（1946年）版《曹氏族谱》与江西修水县道光廿三年（癸卯）版《曹氏族谱》校对稿。

曹荃办理最为合适。

根据以上分析，这份《致户部咨文》的内容是符合历史背景的，内文主要错误则是笔帖式（记录者）写错和漏记。理清这些问题，这份《致户部咨文》记录的人和事则全部能对号入座，并且是考证曹雪芹的父亲为曹士彦的关键材料。

我们可以肯定三百年前的这份《致户部咨文》是真实的，不是后人无中生有瞎编的，装订成册的其它资料可以互证。捐监活动也符合清代社会人们对宗教的信仰。曹雪芹在《红楼梦》中写到贾蓉捐“前程”相关的内容可以佐证。

行文至此，我们再回到上文的第三点漏记这一条的文字中去查找曹（士）彦与曹雪芹的父子关系。

《致户部咨文》将曹士彦写成曹彦是为漏字已不需再讨论了，其重要的史料价值在于证明了曹寅与曹士彦亲缘关系为叔侄关系，在亲情上可称父子关系。由此，我们联系康熙五十年十一月底曹寅得孙喜报推论：

曹寅得孙喜报为曹士彦生子，曹寅之孙曹雪芹的生父为曹士彦。曹雪芹的爷爷是曹茂生，曹寅为二爷。

为证明考证结论的合理性，我们对曹寅、曹茂生与曹士彦的资料作一简要梳理，按时间顺序排列如下：

第一，《致户部咨文》文说明曹寅与曹士彦的亲情关系是同宗叔侄关系。证据是：

庚午年（康熙二十九年，1690年）四月初四日，《总管内务府咨行户部》档案。

第二，从金陵曹家综合情况分析，曹寅得孙喜报为曹士彦生子喜报，此时曹茂生已过世四年。证据是：

辛卯年（康熙五十年，1711年）十一月底，张云章贺曹寅得孙。

第三，曹茂生协助曹寅四次接驾，说明曹寅与曹茂生同

宗兄弟之情。另据：一、进贤“节孝坊”碑额题款人之一尹继善与曹雪芹的关系史料；二、进贤曹氏祖辈口头传述，雍正年间金陵曹家被抄时，有巨额财产运抵进贤铜岭曹村。综合情况分析，曹雪芹与进贤曹家的关系就明晰了。证据是：

壬午年（康熙四十一年，1702年）嘉平二日，《茂翁曹先生六十荣寿序》。

对以上史料，大家有据可查。我们的分析是尽可能地符合逻辑学原理及尊重历史而作出的合理判断，结论如下：

曹雪芹与曹寅为同宗祖孙关系。

在金陵曹家，曹雪芹的家世为：曹茂生（爷爷）、曹寅（二爷）、曹士彦（父亲）。曹雪芹的名字在进贤《曹氏族谱》上虽然不载，但他与曹士彦的父子血缘关系经史料印证是可以连接起来的。

曹雪芹祖籍在进贤山东曹村。

附言：

曹雪芹自康熙五十年出生，至雍正五年金陵曹家被抄没家产，最少有17年良好的家庭生活环境。这是哺育一代文学巨匠的黄金时期。

曹雪芹出生后，金陵曹家的辉煌虽然仅存余辉，但为他的成长积累了有别于他人的生活原始素材，只有这样的家庭及家教才能成就为文学巨匠曹雪芹；也只有在金陵曹家的这种身份，曹雪芹才可称曹寅为爷爷。也只有曹雪芹的这种身份，在金陵曹家“树倒猢狲散”时，他的生活从此无依无靠（与曹頫没有直接亲情），甚至无家可归（北京蒜市口17间半房曹雪芹无权居住），后来才会沦落在北京西郊人烟稀少的山村里生存。

曹雪芹出生前，亲爷爷曹茂生（康熙四十六年逝世）已不在人世，对他爱如至宝的二爷曹寅，在他出生的第二年就病逝于扬州天宁寺书局。这个可怜的孩子，二爷曹寅只给他留下感恩不载福的名字——曹霑。

第七节　曹雪芹生卒年考述

在考述曹雪芹生卒年之前，我们对前文提出的“金陵曹家”概念作一界定：金陵曹家不是指今天南京的曹家，而是指以曹寅为中心生活在金陵（南京）的曹氏家族，家族成员包括曹寅的堂兄弟和进贤同宗兄弟曹茂生等人。这个家族的兴旺发达离不开进贤曹氏宗亲的支持与鼎力相助，曹茂生为曹寅事业进入巅峰时期做出了巨大贡献，金陵曹家的兴衰也直接影响到整个进贤曹氏的荣誉及兴衰。为了给进贤曹氏宗

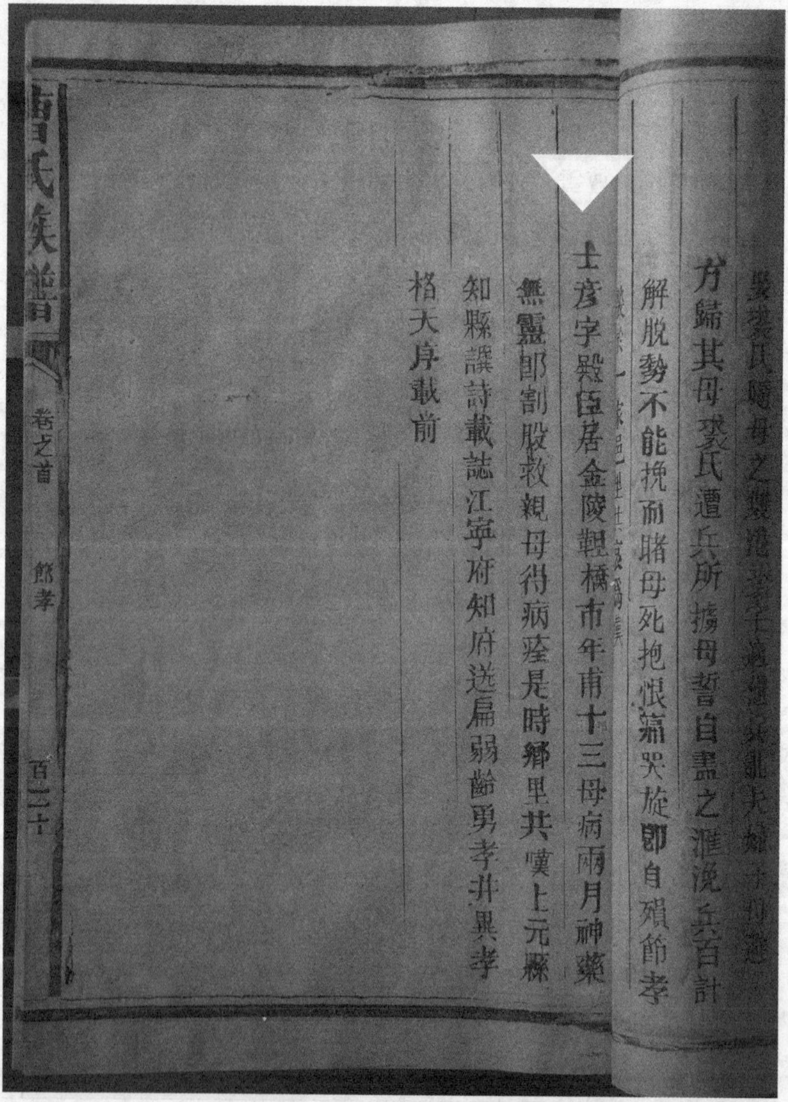

曹氏族譜　卷之首　節孝　百二十

方歸其母裘氏遭兵所擄母誓自盡之涯逸兵否計
解脫勢不能挽而睹母死抱恨痛哭旋即自殞節孝
士彥字殿臣居金陵乾橋市年甫十三母病兩月神藥
無靈即割股救親母得病痊是時鄉里共嘆上元縣
知縣譔詩載誌江寧府知府送扁弱齡勇孝并與孝
格大序載前

在进贤民国三十五年版《曹氏族谱·孝行 》篇中对曹士彦的记录。

族争得炫目的光环，曹茂生付出了生命的代价，为自己儿女们留下的却是巨额债务和无尽的忧伤。我们考查曹雪芹的生卒年就是在考察金陵曹家的血泪史。

当我们了解了进贤曹茂生与曹寅为同宗兄弟关系后，我们更容易认识和理解《红楼梦》一书中曹雪芹所提供的各种信息，他是以艺术的形式将金陵曹家史展示给后人。我们将曹雪芹的生卒年考述清楚，便于查考当年的历史事件，对研究《红楼梦》作品的主题思想、写作艺术及理解曹雪芹的创作思想，犹如掌握了一把艺术的钥匙。

其实曹雪芹的卒年早就写在《红楼梦》一书中，脂砚斋（曹雪芹的亲姑姑，见本书《脂砚斋考》）的批语是非常清楚而准确的，这是曹雪芹最亲近的人为历史留下的笔录，即是孤证，也是铁证。任何一个没有见过曹雪芹本人或听过其亲人或同辈人的言论的人，脂砚斋的记录是不能替代的第一证言，尤其是生活在现当代的红学家（或曹学家）的考证不能替代的铁证——“壬午除夕，书未成，芹为泪尽而逝”。

金陵曹家的辉煌是自曹玺、曹寅和曹颙祖孙三代苦心经营而发展起来的，福不过三代虽是古训，一个家族从辉煌走向没落也符合事物的发展规律，但是，使这个家族遭受灭顶之灾的人是曹頫，曹頫是金陵曹家的千古罪人。被雍正抄家表面上是卷入皇族的政治斗争，其根本原因还是曹頫轻易承袭金陵曹家巨额财产而不知珍惜的必然结果。卷入政治斗争使曹頫自己付出了惨重的代价，更是对金陵曹家人（全部家

眷包括无辜的佣人当奴隶在市场拍卖）的生命及心灵的极端摧残。同时，金陵曹家辉煌家族的灭亡也是催生曹雪芹发愤以血泪撰写《红楼梦》的内因。在残酷的皇族斗争阴影中，曹雪芹为了保全性命而书写血泪家史，他隐瞒自己的真实身世，以曹寅孙的名誉在北京艰难地生存着。敦诚、敦敏兄弟虽然是常有往来的好朋友，但他们的本质还是皇戚，曹雪芹必有所顾忌，致死没有告诉他们真实身份及年龄，这是后人提出曹雪芹“四十说”不为人知的隐情，也是后人找不到记录曹雪芹生年资料的原因。

“壬午除夕，书未成，芹为泪尽而逝”这条脂砚斋批语虽是孤证，但他具有权威性。当我们把它作为考证结论时，还需相应的材料支持才能成为定论。如曹雪芹的出生年月，在哪一年出生的数据是关键。为了得出最后结论，我们还需要对这几个问题进行稽考：

第一，曹雪芹生年的可靠性。前文我们依据史料提出了曹雪芹的生年，主要依据是张云章《闻曹荔轩银台得孙却寄兼送入都》诗（简称“曹寅得孙诗”），从诗的写作时间中我们知道曹雪芹的生年，又从脂砚斋的批语中知道了曹雪芹的卒年，通常情况这已成定论。但是，对文史考证来说，特别是关于曹雪芹的生卒年的问题，这个时间只是两个不关联的数字概念，不能等同于曹雪芹的生卒年，两组数据犹如一条河的两岸，要确定曹雪芹的年龄才能搭起这座桥梁，让我们跨越这条天河。

第二，曹雪芹的年龄，目前大体有“四十岁”和“五十岁”两种说法。对这两种说法红学家都做了深入的考证，目前没有达成一致意见。我认为，张宜泉在《伤芹溪居士》诗注中记录的“年未五旬而卒”更接近史实，是可信的，其准确性是他的诗文注解形式决定的。

张宜泉在《伤芹溪居士》诗的注解中告诉我们，曹雪芹“年未五旬而卒”的情况，这是目前发现的最准确的记录。张宜泉作为曹雪芹的朋友，对友人的死亡表示哀悼，寄情于诗，诗题注释以十八个字概述了曹雪芹的性情、爱好、才华及逝世的年龄，其描述大体是准确的、可信的。全文不长，现抄录如下：

伤芹溪居士

其人素性放达，好饮，又善诗画，年未五旬而卒。

谢草池边晓露香，怀人不见泪成行。
北风图冷魂难返，白雪歌残梦正长。
琴裹坏囊声漠漠，剑横破匣影铓铓。
多情再问藏修地，翠叠空山晚照凉。

《春柳堂诗稿》光绪十五年（1889）乙丑刊本。

“翠叠空山晚照凉”诗句令爱好《红楼梦》的读者对曹雪芹

的逝世深感哀婉凄切。此诗作为考证材料，即是记录曹雪芹年龄的重要文献资料，又是不确定的数据，对其解读方式是不同的。

诗画都是写意的，以抒情为表现目的，记事性文字的表述尤其是注释，是就事说事，以准确明白为写作目的。因此我们是在诗文的情感中去理解作者与曹雪芹的友情，在注释中查看曹雪芹的生平事迹。友情相交是有一个相互了解的过程，尤其是对处在困境中的朋友。诗作者开篇对友人的记述让我们感到真实可信，可以直接证明问题。红学界对“年未五旬而卒”提出异议，甚至否认，我认为这种处理文献史料的方法是不妥的。虽然敦诚、敦敏也是曹雪芹的朋友，诗句中“四十萧然太瘦生”也记录了曹雪芹的年龄，但这是对曹雪芹生命诗意的描写，是虚数，这个数字仅有参考价值。

虽然“年未五旬而卒”不是准确的数字，而诗句“四十萧然太瘦生”之“四十”是准确的年龄概念，但是，其表述的方式不同，其史料价值也是完全不同的。本文选用张宜泉“年未五旬而卒”这个概念来考证曹雪芹的寿年。

通过以上论述，我们将具有史料价值的资料进行排列，以此来解开曹雪芹的生命之谜。

我们将张云章贺诗的写作时间与脂砚斋批语中记录的曹雪芹卒年时间对照计算，即可得出曹雪芹的年龄。如下：

1.**康熙五十年（辛卯，1711年）十一月底**。（张云章贺

曹寅得孙诗写作时间。）

2.**脂砚斋批语：壬午除夕。书未成，芹为泪尽而逝。**

（壬午即乾隆二十七年，1763年。）

根据生卒年计算，曹雪芹活了51岁零1个月零几天。这个准确的年龄与张宜泉的记述是接近的，这都是运用历史资料计算的结果，而非推论。我们以现有的材料进行互证，以此来证明被证明材料的正确性，其结论是可靠的。这说明张宜泉的记录是接近曹雪芹本人真实情况的，同时也证明，在曹頫被被卷入复杂的皇族内部斗争中，张宜泉才是曹雪芹在北京最亲近的朋友。因此，张宜泉记录的“年未五旬而卒”是可靠的，接近曹雪芹的真实年龄。

结束语

我们查阅了进贤《曹氏族谱》，曹茂生四兄弟在雍正五年抄家后，仅有老三曹文显老俩口回到故里，无儿无女，死后葬在曹婆坟，三兄弟及儿女们至死未能回归故土，个中隐情，我们已不得而知，至此，曹雪芹直系亲属这条线在进贤《曹谱》里终结了。

任何学者的考证工作都是在史实的基础上作理性的推论与判断，尽可能还历史本来面目。对曹雪芹祖籍及生卒年的考证工作本文也该结束了，但是，期望将来能发现关于曹雪

芹的原始资料面世，进行检验更正。

曹雪芹的祖籍问题，由于关注面非常广，涉及层面非常深，继而由学术问题，上升到社会问题，其考证结果绝非一家之言而已，受关注程度远非一篇文章和读者的关系。

本文提出“曹雪芹祖籍在进贤”的考证结论，皆由全国各地《曹谱》及相关资料而演绎，非个人为立说而力争。

作者在对曹雪芹祖籍进行考证时，提出了“金陵曹家”这一新概念，文中采纳了与金陵曹家有直接关系的进贤曹家同宗人的部分口头传说，也参考了迁徙他乡的曹端礼曹氏后裔的传说，当然，主要依据是进贤《曹氏族谱》。

近百年来，红学界对曹雪芹生卒年作出了各种推测，可谓奇文妙想，但始终没有取得一致意见。究其原因，关键一点在于没有掌握金陵曹家的家庭背景材料，这是红学界一些学者的失误。我们试想，曹雪芹在《红楼梦》作品中描写了如此庞大的家业，难道是凭空捏造的吗？在雍正下令抄没曹家时，金陵曹家被赶出三百多号人口，这难道是一个包衣奴才曹寅能拥有的家奴吗？当然，这不是本文要研究的范围，但是，这是研究红学，特别是在考证曹雪芹相关的问题时，我们必须要掌握的金陵曹家的家庭背景材料。

曹茂生死后三百年来，与曹寅密切相关的进贤曹氏被遗忘在历史的角落里，从来没有人将这支曹氏后裔跟金陵曹家的历史联系起来，更没有人将这支曹氏后裔与《红楼梦》作者曹雪芹产生过联想，这是悲情的历史，清末袁枚等人已未

知原委，语焉不清，20世纪学者们虽苦寻穷究，但不得其解。进贤《曹谱》的发现和解读，虽不能说彻底解决了问题，但对一百年来诸多争议问题则需要我们重新审视，一些已成定论的将可能被颠覆。

对文史考证来说，重在实证，对已发现的史料，要采取客观公正的态度进行分析及应用，力求还历史本来面貌，这是本文研究曹雪芹综合问题的指导思想。无论是自然科学或社会科学研究，一个未知问题或新问题的提出，总会触发人们对此进行全方位的探索，任何一个学术观点都有待“实践检验”，破除旧说立新说，犹如在黑夜里寻找光明，努力探索总会迎来早晨灿烂的阳光。如果没有“红学”前贤的研究成果，红学之菁华——曹雪芹祖籍与家史文化等诸多问题都将湮灭在历史的长河里。

附录一：

曹雪芹家世简表

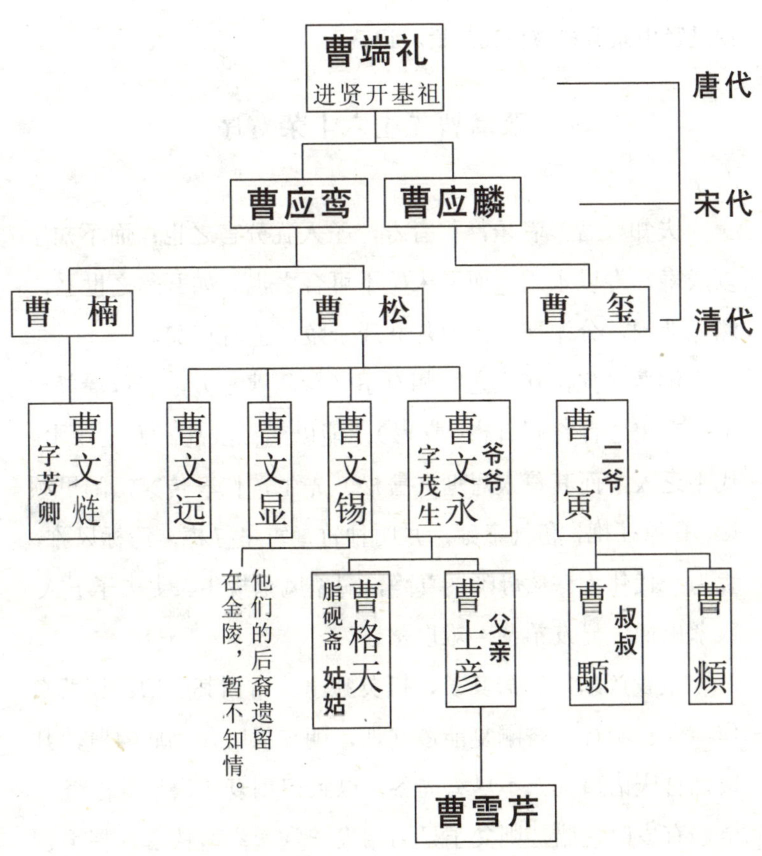

曹端礼
进贤开基祖
唐代
曹应鸾
曹应麟
宋代
曹楠
曹松
曹玺
清代
曹文烶
字芳卿
曹文远
曹文显
曹文锡
曹文永
字茂生
爷爷
曹寅
二爷
他们的后裔遗留在金陵，暂不知情。
曹格天
脂砚斋姑姑
曹士彦
父亲
曹颙
叔叔
曹頫
曹雪芹

附录二：

据进贤山东曹村《曹氏族谱》记载：

茂翁曹先生六十荣寿序

夫知（智）者乐，仁者寿，圣人犹分言之也；而不知乐以成寿，寿以永乐，而又未始不可合之也。如吾翁之世系，渊源谯国，分派豫章，而复乔迁金陵，盖有年矣。

溯曹之先，在汉之良相有忝（参，曹参），能以清静治国；在宋之良将则有彬（曹彬），能以慈仁戡乱。天生异才，代不乏人，而其尊人思塘（曹松）先生，仁孝传家，闾里颂德，春风在抱，和气雍雍，月明种竹，雪里寻梅，清标风雅，犹为一代伟人。慈母幽娴真静，陶孟风范规生。丈夫子五人，入孝出悌，兄友弟恭，难以罄述。

至我茂翁，行居其长，挺英独出。常训其子曰：诸恶莫作，众善奉行。暨嗣复能遵父训，朝夕拱听，克底象贤，凡婚姻喜庆诸事，无不尽力周备，以致田荆复茂，举世称奇。至遇有岁时伏腊，则父子兄弟相聚一堂，煮茗谈心，握手言欢，叙天伦之乐，事喜丝竹之同调。春花秋月，夏舫冬炉，无不畅适幽情，无不欢言难去。然则乐与寿，又岂非相济，巳（已）有成者乎！若夫乡党排难解纷，捐赀调摄，鲁之仲连，何多让焉。

兹己卯：

圣驾南巡，翁独倡先，爴逝以沾（霑）德化，近更于城北建立龙亭宣扬。

圣谕：深为督宪，诸当事器重，是不独修齐在家，而且功德及世矣！

翁之令子殿臣，孝自性成，年甫十三，即能割股格天。正在表闾之时，而顾隐居闾阎，晦而弥彰，谦而益重，将来螽斯蛰匕，大振家声，固可卜而知已。

今壬午嘉平二日，宏开寿域，太守送旌礼应跻堂介寿。奈宦游羁身，未及克愿。家叔祖瑶菴，有髫年之交，故其芳行言之亲切。

如此聊述数言，酌大斗，以为寿。是为序。

皇清康熙壬午嘉平二日

赐进士第文林侍郎知陕西凤翔府汧阳县知事

通家眷弟王辂拜撰　同

钦命一品食一品俸九十三岁老人

眷友生丁吉泰撰具

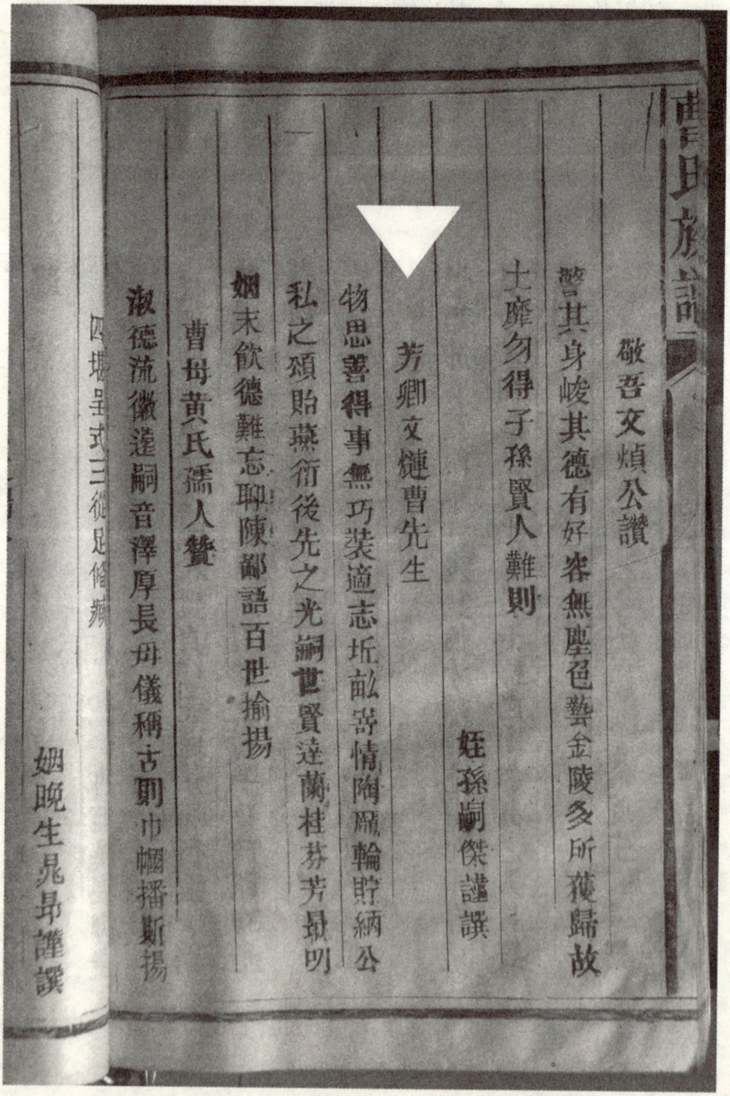

曹氏族譜

敬吾文熉公讚

嚳其身峻其德有好客無塵邑藝金陵多所獲歸故士靡匆得子孫賢人難則

姪孫嗣傑謹譔

芳卿文槤曹先生

物思善得事無巧裝適志坵畝寄情陶羅輪貯納公私之頌貽燕衍後先之光嗣世賢達蘭桂芬芳最叨姻末飲德難忘聊陳鄙語百世揄揚

曹母黃氏孺人贊

淑德流徽逢嗣音澤厚長毋儀稱古則巾幗播斯揚四垠呈式三從是循撫

姻晚生晁昴謹譔

进贤民国三十五年版《曹氏族谱·人物志》记载曹芳卿资料。

附录三：

芳卿不是曹雪芹续妻

据进贤山东曹村《曹氏族谱》记载：

曹楠次子。曹文琏，字芳卿，行七。生于崇正己巳年四月十八日辰时，殁于康熙辛亥年六月。

据进贤山东曹村《曹氏族谱·人物志》记载：

芳卿文琏曹先生

物思善得，事无巧装，适志坵亩，寄情陶垅。轮贮纳公私之颂，贻燕衍后先之光。嗣世贤达，兰柱芬芳；昂叨姻末，饮德难忘。聊陈鄙语，百世揄扬。

有关曹雪芹续妻叫芳卿的说法是发现书箱后传开的，红学界对书箱的真伪有不同意见，认为芳卿是曹雪芹续妻也有待继续探讨。南京吴新雷教授在《曹雪芹》一书中的说法颇具代表性：

据说，雪芹的原配夫人在西山病逝了，雪芹到南京后，便寻访当年江宁织造府（署）里的“旧人”。他们在曹家败

落时都被隋赫德夺了去，但隋赫德于雍正十一年也被撤职查办，这批旧人因此离散。几经察访，其中有一位雪芹少年时熟识的丫头，如今沦落在秦淮市井之间，孤苦伶仃。雪芹对她十分同情，便聘为续夫人。为纪念这次秦淮奇缘，雪芹根据南曲《西厢记·佛殿奇逢》中的“花前邂逅见芳卿”名句，给这位新夫人取名为“芳卿”。

这段叙述似讲故事。或许是吴教授在南京城民间调查到的材料，或许是来自资料，没有注明出处。

曹雪芹有续妻的依据是：爱新觉罗·敦诚《挽曹雪芹》诗句：“孤儿渺漠魂应逐，新妇飘零目岂瞑！”

曹雪芹续妻的名字叫“芳卿”是依据一对书箱的题字而推测的，书箱上没有与续妻有关的文字。

北京发现的这对松木书箱，红学界认为是研究曹雪芹续妻的重大突破。经文物专家鉴定，书箱的木质结构确系乾隆时期旧物，也有专家对书箱上的字画及文字内容提出质疑。

笔者目前没有机会看到木箱实物。但从文字内容分析，芳卿不是曹雪芹续妻，这是进贤曹芳卿存放书稿的木箱。

曹芳卿为曹雪芹的祖辈，家谱记载他文艺俱佳，才华出众，为进贤曹家名贤之一。他将书稿交曹雪芹保存、研习，是看好曹雪芹能传承他的技艺。

据传，曹雪芹自小有儒雅之气，为长辈所器重。

附录四：

脂砚斋是曹雪芹姑姑

据《曹氏族谱·茂翁曹先生六十荣寿序》记载：

翁之令子殿臣，孝自性成，年甫十三，即能割股。格天正在表闾之时，而顾隐居间，间晦而弥彰，谦而益重。将来螽斯蛰匕，大振家声，固可卜而知已。

这段话记叙了曹茂生一儿一女的情况。儿子殿臣，即曹士彦，前文已介绍；女儿格天，应为曹士彦的妹妹。

格天之名取自《书·说命下》“格于皇天”句，取感动和感恩之意，与皇戚之格格同意。从文意可知此千金亦非同一般，“将来螽斯蛰匕，大振家声”。在女子无才便是德的封建时代，可知格天是个性情乖巧的才女。

我们已知曹颙、曹顺的才能及曹茂生一对儿女的良好素质，可以想象金陵曹家的家教和对子女的培养是成功的。我们还知道，曹寅和曹茂生都是才华出众之人，正是有这样的书香门第，才能培养出博学多才的曹雪芹。根据史料分析，当金陵曹家被雍正抄没之后，曹格天与姪儿曹雪芹在北京相

依为命，并共同书写金陵曹家的兴衰心酸史。就曹雪芹怀才不遇的桀骜性格，谁有资格评点他的文辞？他的著作谁有资格冠名传世？只有曹格天。

由此，我们提出：红学界稽考不解的脂砚斋即是曹雪芹的亲姑姑曹格天。

《红楼梦》现存的版本可分为两个系统：一是前八十回保留脂砚斋评语的版本，另一个是指程伟元、高鹗整理并删除所有脂评的一百二十回程高版本，我们着重分析前者。

脂砚斋之名是伴随《脂砚斋重评石头记》与曹雪芹而流传至今的。《红楼梦》书名一直是用脂砚斋之名命名的。脂砚斋不是唯一为《红楼梦》作评之人，但在今天我们能看到的版中，脂砚斋是最早作评者。他的评语往往一语中的，入木三分，最具研究价值。这说明脂砚斋与曹雪芹有相同的生活经历，评语中亦有体现。

据初略统计，脂砚斋所作3000余条批语，主要集中于曹雪芹在世期间，曹雪芹去世后，数量有所减少。曹雪芹英年早逝，曹格天失去相依为命的亲人，这是对年迈的脂砚斋生命的重创，文才锐减。

从《红楼梦》及脂砚斋的批语中，体现了中国封建正统文化道德观念，这是任何一个清中期的旗人思想及文化修养达不到的高度。在金陵曹家中，这人是谁呢？就是曹格天。红学家们为脂砚斋做了多种推测，其结论都难于令人信服。

“文字狱”是清代文人的灾难时期，批书不用真名是为

避文祸。然而，在曹雪芹友人的诗文中，对脂砚斋的生活也没有任何记录，这是因为脂砚斋身为女性和曹雪芹的长辈及家庭背景决定的。特别是，曹茂生这一支没有旗籍的曹姓，人口抄没后被迫在市场变卖。曹雪芹是以“曹寅孙”为庇护在北京生存，脂砚斋与外界不接触是对自己最好的保护。但是，我们从清人的零星资料中还是能了解到一些信息的。据裕瑞在《枣窗闲笔》中云：

曾见抄本，卷额本本有其叔脂砚斋之批语，引其当年事甚确；易其名曰《红楼梦》。

作者裕瑞已不可考。但《枣窗闲笔》成书较晚，书中评及七种《续红楼梦》和《镜花缘》。由此上推，裕瑞大致活动在嘉道年间，这离曹雪芹生活时代已经很远了，不可能是亲眼所见，但他记录的比红学家猜测的人物更接近事实。

另据刘铨福在《脂砚斋重评石头记》中跋云：

脂砚斋与雪芹同时人，目击种种事，故批笔不从臆度。

“目击种种事”一说也言之在理，不是猜测。在上个世纪30年代，胡适对甲戌本上的脂砚斋批语进行研究后提出：

脂砚斋是曹雪芹很亲近的族人……他大概是雪芹的嫡亲

弟兄或从堂弟兄……

以上三家所言均与史实相近。从《红楼梦》批语中可以感受到，脂砚斋是一个学识不凡，思维敏捷，性格乖张，但感情真挚的优雅女性。常表现出与曹雪芹有特殊亲情关系和长辈关系，而且在批语中经常无意识地显露出女性的口吻。根据批语时间分析，脂砚斋与曹雪芹必是朝夕相处，有着极亲密的生活关系。这种双重亲情和极亲密的生活关系，就不可能是红学界一些人士猜测的夫妻关系，他们是长幼关系，脂砚斋应该就是曹格天。

附：关于“素卿脂砚”的问题

“素卿脂砚”的发现引起红学界的热切关注。据考，此砚台原系明代万历年间苏州名妓薛素素之物。

此砚台侧面刻着：“脂研（砚）斋所珍之研其永葆。”底部刻有明代著名文人王穉登书赠薛素素的一首五言律诗，“调研浮清影，咀毫玉露滋。芳心在一点，余润拂兰芝。”砚盖内刻有薛素素小像，旁刻“红颜素心”篆文。

这个砚台是否与批《红楼梦》之脂砚斋有关，现无迹可考。笔者认为，当年张伯驹看到此砚时说得好，即使是假，也假得有意义。

附录五：

《新民晚报》记者朱波采访稿

江宁老农说自己祖先是曹雪芹

近日，一则消息在苏皖交界的陆郎镇流传：距南京城区40公里处的江宁陆郎镇花塘村，竟是《红楼梦》里大观园的“前身”。

老农说自己祖先是曹雪芹

花塘村有一个地名叫曹上村，据说就是曹氏家族住过的地方。曹宏德老人说他已经86岁了，并出语惊人：“我爷爷对我说过，我的祖先是曹雪芹。”记者问他有没有看过《红楼梦》，老人说：“我不识字，看不了书。”记者又问他，怎么知道曹雪芹是祖先，老人反问：“虽然不识字，但老祖宗怎么可能记错？”

曹宏德是“曹村” 现今唯一 一家姓曹的，因为族谱在“文革”时被毁，他这一“祖系”如何而来，无法考证。

教授发现地名密码

1995年，时任南京大学中文系教授的高国藩，因为一直

研究《红楼梦》的民间文学故事，和学生几次到花塘村采风。寻访了很多当地村民后，他发表了一篇短文，记录了考察花塘村时，村民叙述自己与《红楼梦》的种种关系；花塘这一带也有王、曹（与贾不矛盾）、史、薛“四大家族村”的秘密；同时观东村和观西村两个带“观”的村子，正好是大观园的两个大门，中间的花塘也就是大观园的花园……

在观东村前的花塘中央有一个小岛，高国藩说，那曾是《红楼梦》里大观园花园中古亭原型的亭基。同时，在塘岸草丛中，有一块直径1米的圆形石槽，刻文难以辨认。

观东村的花塘粮库曾是曹家祠堂，大院里有雌雄两株巨大的银杏树，胸径有两人合抱，均有三百多年历史。当地传说，这两棵树是曹家小公子和妙玉的化身。对此高国藩教授说，曹家喜欢种植白果树是出了名的，年代也大致相当。

《新民晚报》2006.1.16

附：

这篇报道中提到曹宏德老人的名字，使本书作者联想到进贤曹家年龄在60岁以上的老人的名字有相似之处，如：曹海德、曹等德等名字很多，是否这两地曹家有关系？现摘引此文，留待日后考证。

附录六：

2010首届“曹雪芹家族文化研讨会”新闻发布会综述

“曹雪芹家族文化研讨会”新闻发布会于2010年4月22日在北京曹雪芹纪念馆隆重举行。出席会议的有在京部分著名红学家、历史学家及曹雪芹祖籍地进贤、曹雪芹祖辈迁徙地辽阳、铁岭、丰润、武阳三市二县的领导和学者，共计30余人。

本次会议由南昌市委、市政府和北京曹雪芹学会筹委会主办，进贤县委、县政府和北京植物园曹雪芹纪念馆承办。

新闻发布会为期一天，上午为新闻发布会，下午在北京曹雪芹纪念馆“雪芹茶社”安排了颇有新意的座谈会。

22日上午，新闻发布会由中国艺术研究院红楼梦研究所原副所长胡文彬先生主持，北京植物园副园长、北京曹雪芹纪念馆馆长黄亦工，江西省南昌市副市长罗慧芬，进贤县委副书记梅树华，中国红学会常务理事张书才、《红楼梦学刊》编辑部主任张云分别致词。辽阳王洪胜、丰润宣玉荣、铁岭李瑞清、大同邹景玉代表当地纪念馆或学会讲话。进贤县文史专家文先国就进贤民国三十五年版《曹氏族谱》的发现经

过作了详细说明。最后，全国政协常委、经济委员会副主任胡德平作《曹雪芹家族文化研究的意义》报告。

北京市植物园副园长、曹雪芹纪念馆馆长黄亦工在致词中说，今天到会的学者大都来自进贤、丰润、辽阳、大同等地，这些地方不仅曹雪芹祖先迁徙及居住过，而且都为曹雪芹而骄傲，因为曹雪芹和他的《红楼梦》已经成为我们中华民族优秀传统文化的代表。

南昌市副市长罗慧芬代表主办单位之一，中共南昌市委、市政府，对到会的学者及新闻媒体表示热烈欢迎，并预祝本次新闻发布会和即将在进贤召开的曹雪芹家族文化研讨会圆满成功。她在致词中重点讲到：我市文史工作者发掘出民国三十五年版《曹氏族谱》，经初步研究表明，进贤县山东曹村应该是曹雪芹家族从古曹国始迁江西的发祥地。

进贤县委副书记梅树华在致词中介绍了进贤县历史文化概况。在绘画艺术方面有：一代画圣董源，为南方山水画之祖、文人画之宗。据宋代画史画论记载巨然、徐熙、徐崇嗣等计十余位大家亦属进贤人。还有现代美术教育开创人李瑞清、当代著名小提琴家盛中国。在文化方面：明代有江西四君子之一的状元舒芬，北宋词坛巨擘晏殊、晏几道虽属临川文化名人，但今为我县文港镇人。进贤在物质文化和非物质文化遗产方面都名冠江南。

2006年底，我县发现民国三十五年版《曹氏族谱》。经初步研究，我县罗溪镇山东曹村可能是曹雪芹家族迁徒史上

重要的发祥地，因而受到著名红学专家周汝昌先生、原中国曹学研究会会长胡德平先生等学者的高度关注。这套族谱在曹雪芹祖籍考证方面或许具有颠覆性意义。为了进一步推动这方面的学术研究，北京曹雪芹学会、中共南昌市委、南昌市人民政府决定联袂主办首届曹雪芹家族文化国际学术研讨会，确定于6月上旬在我县召开，并由中共进贤县委、进贤县人民政府与北京曹雪芹纪念馆共同承办。

曹雪芹家族文化国际学术研讨会在进贤召开，是曹学及红学界的一次盛会，更是我县加快文化大县建设的一个重要契机。我们一定不辜负主办单位的重托、不辜负各位专家的期望，竭尽全力当好东道主。认真做好会前准备、会中服务以及会后的研究成果宣传推介和应用工作，并认真组织开展我县的曹雪芹家族文化研究，深入发掘、整理、保护、开发曹雪芹家族文化遗存，为曹学及红学从学院走向更为广阔的民间聊尽绵薄之力。

最后，梅树华副书记说：我们为承办这次曹雪芹家族文化国际学术研讨会深感荣幸。在此，我要向主办单位对我们工作的信任表示衷心的感谢，同时诚挚邀请在座的各位并希望有更多的领导、专家、学者、新闻界朋友光临指导，共襄盛举。为此，我们恳请各位领导、各位专家学者、各位新闻界朋友在研讨会召开期间，不但关注曹学和红学，还要对进贤经济社会发展的各个方面不吝赐教。

在会上，进贤文史专家文先国就民国版《曹氏族谱》发

现经过作了简要介绍。他说：《曹氏族谱》发现后，胡德平部长非常重视，并就此作了深入研究，写了一篇近四万字的论文。于2008年1月8日，胡部长在现代文学馆作了一次学术讲座，专门讨论进贤曹谱的发现及对曹氏家族研究的价值。

进贤民国版《曹氏族谱》发现后，消息很快传开，引起了省内外不少曹氏后人的关注，他们纷纷找寻旧谱，江西修水、湖南岳阳及平江、湖北江夏等地，都找到了民国甚至清代的《曹氏族谱》，尤为可喜的是，这些家谱与进贤民国三十五年版《曹氏族谱》的宗格相连，世系对接，其真实性与可靠性不容质疑。其它地方的《曹氏族谱》亦可补充进贤曹氏资料。

根据我们对进贤民国三十五年《曹氏族谱》和曹雪芹家族文化的研究认为，进贤民国三十五年《曹氏族谱》的发现，对“红学”研究将有着重要的意义，不仅证明了进贤曹与武阳曹的关系，同时，证明了曹雪芹唐时祖先系定居进贤山东曹村的曹端礼，而人们通常认为的北宋曹彬则与曹雪芹家族并无直接的关系。

“曹雪芹家族文化研讨会”新闻发布会的一项重要议程是，原中国曹学研究会会长胡德平先生所作“曹雪芹家族文化研究的意义”报告。

胡德平先生说：今天，不同地方、不同的研究单位，大家都坐到一起来，共同探讨问题，这非常好。大家有一个团结的气氛、团结的胸怀，我们的研究就会有一个好的气象，

这对各地曹雪芹纪念馆的工作都是有帮助的。因此，借新闻发布会说说我的想法，希望大家在六月份研讨会上拿出论文来，拿出观点来，希望更多的地方能拿出家谱来，大家各抒己见，这未尝不是一百年曹雪芹研究的一件盛事！

当谈到在进贤曹村调查情况时，胡德平先生说：在进贤《曹谱》中，山东曹村不是山东省的山东，而是为了纪念从山东迁徙而来命名“山东曹村”。进贤《曹谱》记载的四个曹村，这对权威研究是一个挑战。塘里曹村、公馆曹村、山东曹村都是曹端礼之后，这里还保留了大量的古迹，不少门额上还刻着“八斗世家”、“庭绍箕裘”，“焦国旧址”等字样，真给人一种江宁制造的影子。这些村庄是不知江宁制造的。今天的公馆曹家仍然有手工纺织夏布，他们仍在忙忙碌碌，我都去调查过，他们的纺织品早在清代、民国时期都卖到南京。《上元县志》与《江宁府志》就记有铜岭曹家人的名字。这说明曹寅和进贤曹氏的关系是非同一般的。

最后，我希望通过新闻发布会，我们的各大媒体能把我们的会议的宗旨，新闻发布会的内容，把我们各家都聚在一起的情况，能够在全国很好的宣传报道。

新闻发布会结束时，进贤县委副书记梅树华代表进贤向北京曹雪芹纪念馆捐赠《曹氏族谱》并合影留念。

下午，在北京曹雪芹纪念馆“雪芹茶社”举行了别有新意的专家座谈会，著名红学家胡文彬、张书才先生作了精彩的学术发言。

座谈会上，梅华先生就进贤《曹氏族谱》研究情况作了简要介绍，当谈到家谱记载的历代进贤迁徙武阳、辽阳、铁岭的曹氏名人时，引起胡德平先生及在座的专家学者的兴趣和关注，每当介绍到丰润、辽阳、铁岭的相关人名时，会场上就展开了热烈的讨论。胡文彬先生对此评价是重大发现。在座的专家学者为发现进贤《曹氏族谱》及其研究价值感到惊喜和兴奋。

会议结束时，胡文彬先生作了总结讲话。他说：今天这个会开红学研究风气之先，是个新气象，新标志。曹雪芹不是一家一户、一省一市的曹雪芹，曹雪芹是我们全国曹氏家族的共同财富，是全中国人民的共同财富。

最后，北京曹雪芹纪念馆执行馆长李明新女士作了总结讲话，并预祝进贤曹雪芹家族文化研讨会圆满成功。

2010年4月28日

老问题 新观点

——代后记

关于曹雪芹的研究和考证著作，我估计超过了曹雪芹的身高，这说明“曹学”研究成果是惊人的。清晚期，学者们就没有理清曹雪芹的祖籍及家世问题；到20世纪，很多学者做了各种努力，掀起了曹雪芹祖籍争论的热潮，推动了学术研究的快速发展，由于有关曹雪芹家世的关键史料没有找到，留下了跨世纪的遗憾。

曹雪芹研究和祖籍考的核心问题是要找到曹雪芹家的族谱或其它史料，否则难于定论。文先国先生在进贤县找到了民国三十五年版《曹氏族谱》，给停滞不前的曹学研究带来了振奋人心的喜讯，引起红学界的热切关注。对这套族谱的研究已成为迫在眉睫的工作。2007年初，笔者与文先生就全国曹氏祖辈迁徙地作了些考察工作，并分头进行专项研究。文先生以深厚的文史知识对《红楼梦》里的进贤方言进行了细致的解读，笔者则对《曹氏族谱》开始了全面的稽考与研究。因而有了这本《曹雪芹祖籍在进贤考》论著。

经作者疏理，曹雪芹系曹端礼十六世孙曹应鸾一支。武阳曹孝庆、丰润曹鼎望、辽东曹端可属曹应鸾堂弟曹应麟一支，江宁制造曹寅亦属于这一支。北迁曹氏始祖是元代22岁即封万户候的曹端可。这些信息在进贤及湖南岳阳等《曹氏族谱》中均有据可查。史料记载，曹雪芹为曹寅孙，大家都在这条思路上查找了近百年，其结果是不理想的。历史是复杂的，时空也不可再现，当我们一致认为曹寅与曹雪芹是祖孙关系时，却拿不出可信的证据，致使学者们陷入各持已见，互不相让的学术争论的漩涡之中。我们在研究过程中发现，学术界长期争论不休的问题在进贤《曹氏族谱》中找到了相对应的原始材料。因此，查考曹雪芹祖籍，要研究金陵曹家与进贤曹家的家族文化史，这可能是我们解决曹雪芹祖籍问题的关键。

2010 年4月22日，在北京曹雪芹纪念馆隆重举行“曹雪芹家族文化研讨会”新闻发布会。在下午的专家学者座谈会上，笔者就进贤《曹氏族谱》的研究情况作了简要介绍，引起各位学者的热切关注，气氛异常热烈，以致会议主持人胡文彬先生多次示意大家安静。在这次座谈会上，大家对进贤《曹氏族谱》关注的热情之高是我们意想不到的，这说明召开曹雪芹家族文化学术研讨会很有必要。

曹雪芹祖籍与家史及生卒年问题研究是连成一体的事，将这些问题综合起来考察，推论出一个较为合理的结论，说明史料记载的曹雪芹生卒年是基本准确的。因此，作者认为过去学者们对此所作各种推测和臆想是不可靠的。

这两年作者有幸参加了进贤曹氏各种家族文化活动，见到了各省保留的古旧族谱，互证了进贤《曹氏族谱》的一些缺失及疑点，为考证曹雪芹祖籍理清了路线。同时也考察了全国的曹雪芹纪念馆，收集了许多第一手资料，为阅读红学家们考证曹雪芹祖籍的文章增添了对比分析的素材，但还有很多重要材料没有看到，甚感遗憾。

由发现新材料，产生了对曹雪芹祖籍考的全新思路，因而对曹雪芹祖籍地、曹雪芹的爷爷及父亲的论证都提出了有别于国内外红学家的观点。自知学力不逮，加之时间仓促，这些推论尚不成熟，还有太多的谜团未能解开，尤其是关于曹士彦与曹雪芹的父子关系还需要丰富调查内容和材料。20世纪30年代，胡适先生针对当时红学研究现状及问题时提出“大胆的假设，小心的求证”的观点，一百年来，红学成为显学，又派生出曹学，面对新时期的新问题，作者是小心假设，大胆求证。对错与否，有待今后验证，今以一家之言，求百家赐教。

但是，对本书的观点有人拍桌子说粗话，有人出言威胁，也有好言相劝者。我是一粒微尘，人微言轻，仅从史论的角度发表一点不成熟的个人观点，这应该是不妨碍他人的正事的。学术研究，互相磋商，新观点、新思路或许能解决老问题。作者如果没有新的思路，新的猜想大胆进行探索，谁会想到曹雪芹祖籍地会在进贤山东曹村呢？

因为书稿的内容与大家熟悉的曹雪芹祖籍及家史情况完全不同，作者唯恐给读者添麻烦，所以写几句话说明情况。首先，对反对者和支持者致以衷心的感谢，感谢持反对意见

者关注此事，由于你们的认真点评与激励，作者会更加严谨地进行探索研究；感谢支持者给我信心和精神力量，克服了研究中诸多困难，使书稿内容不断得到充实、调整与提高，直至出版。

本书得到进贤县委、县政府的大力支持。特别是“曹雪芹家族文化研讨会”筹备会工作领导县委副书记梅树华在百忙中认真审阅书稿，并提出指导意见。在近两年的调查与收集资料的全过程中，县文化局副局长章文杰、文物管理所所长文先国、学友傅广华，以及进贤曹氏协会的全体领导，特别是老领导曹海德和副会长曹三院等贤士，由于您们的支持与帮助，使书稿得以顺利完成，在此致以衷心的感谢。

最后，感谢作家出版社王宝生先生和红学家、特邀编辑邓遂夫先生为本书出版付出的艰辛劳动，并铭记他们无私奉献的精神。

2010年5月28日于北京

图书在版编目（CIP）数据

曹雪芹祖籍在进贤考/梅华著．-北京：作家出版社，2010.6

ISBN 978-7-5063-5405-9

Ⅰ.①曹… Ⅱ.①梅… Ⅲ.①曹雪芹（？~1763）-人物研究 Ⅳ.①K825.6

中国版本图书馆 CIP 数据核字（2010）第 095255 号

曹雪芹祖籍在进贤考

作者：梅　华

责任编辑：王宝生

特约编辑：邓遂夫

封面题字：梅　华

出版发行：作家出版社

社址：北京农展馆南里 10 号　　　**邮码：**100125

电话传真：86-10-65930756（出版发行部）

86-10-65004079（总编室）

86-10-65015116（邮购部）

E-mail：zuojia@zuojia.net.cn

http://www.zuojia.net.cn

印刷：北京尚唐印刷包装有限公司

成品尺寸：142×210

字数：100 千

印张：4.5　　　**插页：**6

印数：001-8000

版次：2010 年 6 月第 1 版

印次：2010 年 6 月第 1 次印刷

ISBN 978-7-5063-5405-9

定价：16.00 元